DU

DOL DANS LES CONTRATS

EN DROIT ROMAIN

DES

ACTES DE NAISSANCE

EN DROIT FRANÇAIS

PAR

Yves NARBONNÈS

AVOCAT A LA COUR D'APPEL

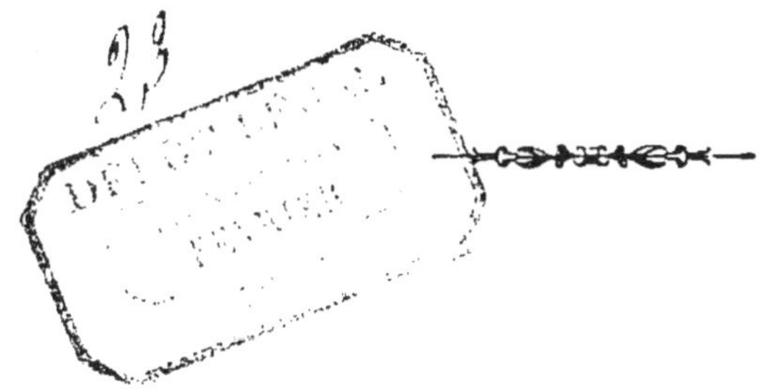

PARIS

ALPHONSE DERENNE

52, Boulevard Saint-Michel, 52

1882

DU

DOL DANS LES CONTRATS

EN DROIT ROMAIN

DES

ACTES DE NAISSANCE

EN DROIT FRANÇAIS

PAR

Yves NARBONNÈS

AVOCAT A LA COUR D'APPEL

PARIS

ALPHONSE DERENNE

52, Boulevard Saint-Michel, 52

1882

A MON PÈRE

DROIT ROMAIN

DU DOL DANS LES CONTRATS

GÉNÉRALITÉS.

1. — La loi civile exige que 'dans les conventions les parties contractantes apportent une bonne foi que la loi morale seule peut ordonner aux hommes d'apporter dans toutes leurs actions. Encore faut-il remarquer qu'entre les prescriptions du droit et celles de la morale il y a une grande différence. Cette différence a trait à l'étendue des obligations des parties contractantes. Il est bien évident que la bonne foi qu'un homme absolument honnête apportera dans ses rapports avec ses semblables sera bien différente de la bonne foi exigée par la loi positive. Celle-ci ne peut s'occuper en effet que de faits caractérisés et il n'y a rien d'aussi difficile à préciser que la limite des scrupules de ce-

lui qui tient à apporter dans toutes ses actions la franchise et la loyauté qu'un moraliste sévère peut exiger. C'est pourquoi le droit ne s'occupe que de la répression des actes qui ont un caractère bien tranché et qui démontrent d'une manière certaine les intentions coupables de leur auteur. C'est à ce degré de gravité de la fraude que le législateur doit songer à la protection de celui qui en serait la victime. On voit combien sa tâche est dffiicile. Il a à déterminer où commence l'infraction à la bonne foi dans le sens légal du mot ; et dans cette détermination, il doit s'en rapporter au tact et à la perspicacité du magistrat. Celui-ci souvent a à apprécier des faits qui ont une importance majeure dans une matière qui n'est régie que par des principes généraux quelquefois un peu vagues et par des règles particulières qui ne sont guère que des réglements d'espèces, ayant peu de valenr au point de vue législatif.

Ce sont cependant ces principes et ces règles que nous avons choisis comme sujet de notre étude et en voici la raison : la recherche de l'intention du législateur indispensable à l'intelligence des textes, plus qu'en aucune autre partie du droit ; la précison à apporter dans une matière réglementée avec moins de succès que toute autre parce qu'elle était plus difficile à réglementer que toute autre, constitue un travail intéressant et qui nous a vivement attiré.

2. — Et d'abord quel est exactement le sens du mot dol ? Nous en avons une définition de Labéon, reproduite par Ulpien et consacrée par Justinien (1. 2. D. 4. 3.) « *dolus malus est omnis calliditas, fallacia, machinatio ad cir-*

cumveniendum, fallendum, decipiendum alterum adhibita. » Étudions les différents termes de cette définition.

a. — *Dolus malus...* Le mot *dolus* avait un sens grammatical tout autre que celui du mot dol en français. Il signifiait habileté, mais habileté permise et quelquefois même recommandable. Aussi à côté du *dolus malus* les Romains avaient-ils le *dolus bonus*, ce qui indique bien que le mot *dolus* seul n'était pris, au moins primitivement, ni dans un sens favorable, ni dans un sens défavorable.

L'adresse déployée pour empêcher l'exécution d'une action blâmable ou criminelle constitue le *dolus bonus*, de même que l'habileté mise au service d'une cause légitime. Quelquefois la distinction entre le *dolus bonus* et le *dolus malus* est plus délicate. Cicéron délimitant dans son traité *de officiis* le domaine de la loi positive et celui de la loi morale propose l'espèce suivante : Un navire porte du blé dans un pays où règne la famine et est suivi lui-même par d'autres navires également chargés de blé et de l'arrivée prochaine desquels le maître du navire ne parle pas. Grâce à son silence il vend son blé à un prix très élevé. Il fait preuve là de finesse, *dolus*. Mais ce *dolus* est-il *bonus* ou *malus* ? Cicéron, peut-être bien sévère, déclare que si ce *dolus* échappe à toute répression positive, au point de vue moral il doit être énergiquement blâmé.

Ceci nous ramène à ce que nous disions en commençant cette étude, que les prohibitions de la loi positive ne peuvent avoir une étendue égale à cette des prohibitions de la loi morale. Les conventions n'offriraient plus aucune solidité, les procès se multiplieraient à l'infini si les petites ruses que l'on retrouve dans toutes les luttes d'intérêt devenaient des cas de dol tombant sous le coup de la loi. Le marchand par exemple qui exagère la valeur de sa marchandise, l'acheteur qui, par contre, la déprecie, se rendent coupables de déloyauté. Mais, leur faute est si faible, si habituelle ; il est si facile de se garantir des effets de ces légères atteintes faites à la bonne foi, que le législateur a tenu à ratifier les conventions qui ne sont entachées que de défauts si peu importants et que les textes ont reconnu l'existence d'un dol licite (16. 4. D. 4. 4), au point que les jurisconsultes ont employé quelquefois des artifices qui constituaient si bien un dol qu'ils le reconnaissaient eux-mêmes, pour réformer un droit trop rigoureux. Voici une espèce (19. 3. D. 3. 5) : Un gérant d'affaire achète de bonne foi pour son propre compte et sans qu'il s'en doute un bien qui appartient au maître. Avant d'avoir usucapé ce bien il apprend le non du véritable propriétaire. Afin de pouvoir recourir de suite en garantie contre le vendeur, il fait revendiquer le bien par un tiers au nom du maître. Il y a là incontestablement dol. Mais ce dol a pour effet d'empêcher l'enrichissement du vendeur aux dépens d'autrui et le législateur le sanctionne.

b.— *Est omnis calliditas, fallacia, machinatio.*— Le dol peut être non seulement *in committendo* mais encore *in ommitendo.* Cela résulte clairement de ce texte de Labéon qui a le soin, après avoir employé le mot *machinatio*, qui suppose essentiellement un fait, d'introduire dans la définition le mot *fallacia* qui signifie ruse. Or la ruse peut consister dans le silence ou l'inaction autant que dans un fait positif. Ceci est évident. En effet la définition que nous étudions est de Servius, et Labéon n'a fait que la compléter. Or dans la définition primitive le mot *machinatio* est seul employé. Si Labéon y a introduit les mots *calliditas, fallacia* ce n'est pas inutilement et c'est certainement pour y opposer le fait négatif au fait positif. Le vendeur qui ne prévient pas l'acheteur qui le croit libre, que le fonds qu'il lui vend est grevé d'un droit de servitude, commet un dol réprimé par la loi positive (35. D. 19. 1). Nous trouvons une espèce analogue dans Cicéron. Les augures avaient ordonné à un certain Clodius de démolir sa maison. Celui-ci au lieu de la démolir la vendit sans prévenir l'acquéreur de l'ordre qu'il avait reçu. Caton d'Utique donna contre lui l'action de dol. On trouve dans la L. 11. 5. D. 19. 1. un fait semblable.

c. — *Ad circumveniendum, fallendum, decipiendum alterum adhibita.* — Nous trouvons, dans la fin de cette définition, l'un des éléments constitutifs les plus importants du dol. Pour qu'il y ait dol, il faut l'intention de tromper quelqu'un, de lui porter préjudice.

Quelqu'un qui, par erreur, affirmerait un fait faux, ne serait pas coupable de dol, si, en avançant son allégation, il n'avait l'intention de porter préjudice à personne. Le *consilium fraudis* est donc un des éléments nécessaires à la formation du dol.

3. — Un autre élément nécessaire à cette formation et

qui n'est pas relaté dans la définition que nous venons d'étudier, c'est le préjudice causé au demandeur. C'est en effet un principe de droit commun que là où il n'y a pas d'intérêt, il n'y a pas d'action. Il faut avoir souffert du dol pour avoir le droit d'exercer l'action qui en naît. Ce n'est pas à dire que s'il n'y a pas *eventus damni*, il n'y a pas dol au point de vue légal et en considérant la question au point de vue du droit pur. Mais ce dol n'a aucune portée pratique, et l'action qui en naîtrait serait paralysée par l'absence de la condition dont nous traitons et sans laquelle aucun droit ne saurait être exercé.

Les matières que nous allons avoir à étudier se divisent en deux parties bien distinctes. Cette division, qui provient de l'analyse même des différentes espèces qui peuvent se présenter dans la pratique, a été suivie par l'immense majorité des commentateurs. Nous nous y soumettrons à notre tour.

Le dol peut avoir été pratiqué dans le but de faire consentir à la formation d'un contrat ou dans celui de retarder, d'avancer, de modifier ou de rendre impossible l'exécution d'une convention. De là une grande division de notre étude : dans une première partie, nous traiterons du dol antérieur à la formation du contrat et sans lequel le contrat ne se serait pas formé, ou, dans tous les cas, sans lequel il aurait été autre que ce qu'il est en réalité ; dans une seconde partie, sera développée la théorie du dol qui a seulement pour but de modifier ou de rendre impossible l'exécution de la convention.

Dans les divers cas qui peuvent se produire, nous étudierons les conditions de formation du dol et les différents moyens de répression que le droit romain mettait à la disposition des citoyens, pour leur permettre de se protéger contre la dissimulation et la déloyauté dont ils pouvaient être victimes.

CHAPITRE PREMIER

4. — Les règles à suivre pour la répression du dol
sont tout à fait différentes selon qu'il s'agit du dol se rattachant à un contrat de droit strict ou du dol se rattachant
à un contrat de bonne foi. Comme dans les contrats de
bonne foi le dol a été réprimé à toutes les époques de
la législation romaine, nous traiterons d'abord de ces contrats et nous renverrons à notre second paragraphe l'étude
du dol qui se produit dans la formation des contrats de
droit strict, dans lesquels le dol n'a été réprimé qu'au
moyen de réformes successivement introduites par le préteur et les jurisconsultes.

Avant d'aborder les règles spéciales nous avons à poser
une règle générale qui régit toute la matière du dol, que
le dol se rattache aux contrats de bonne foi ou qu'il se
rattache aux contrats de droit strict. Cette règle est ainsi
formulée : « *Si duo dolo malo fecerint, invicem de dolo
non agent* » (36, D. 4, 3). Il faut pour avoir le droit
d'invoquer contre son cocontractant un des moyens que
la loi emploie pour réprimer le dol, être soi-même exempt
de dol à l'égard de ce cocontractant. Les parties restent
dans la situation dans laquelle elles étaient avant toute

poursuite, si elles sont toutes les deux coupables de dol, car c'est un fait remarquable que non seulement elles ne peuvent pas agir *de dolo*, pour obtenir la résiliation du contrat, ou des dommages-intérêts, mais qu'elles ne peuvent pas non plus poursuivre l'exécution de ce contrat. Si les deux parties l'ont exécuté, on applique la L. 154, D. 50, 17. « *Quum par delictum est duorum, semper onera- tur petitor et melior habetur possessoris causa, sicut fit, quum de dolo excipitur petitoris, neque enim datur talis replicatio petitori, aut si rei quoque in ea re dolo actum sit. Illi debet permitti pœnam petere, qui in ipsam non incidit.* » Il en est de même si une partie seule a exécuté le contrat. Bref le *statu quo* le plus rigoureux est maintenu, chaque fois que les deux parties se sont rendues coupables de dol et toutes les actions ou exceptions dont chacune des parties aurait pu se prévaloir contre la partie adverse est paralysée par la fraude qu'elle a commise elle-même.

§ 1. — *Du dol dans les contrats de bonne foi.*

5. — Nous trouvons dans les contrats de bonne foi un principe diamétralement opposé à celui que nous verrons régir les contrats de droit strict. Dans ceux-ci, soumis au rigorisme le plus complet, le juge était obligé de rendre sa sentence en la basant sur la formule qu'il devait suivre à la lettre. Ce ne fut que plus tard, grâce à l'esprit d'inno- vation des préteurs, et contrairement au droit civil, qu'on parvint à réprimer les manœuvres frauduleuses qui s'y

produisaient. Nous voyons le contraire dans les contrats de bonne foi.

Au lieu d'avoir à se plier aux exigences d'une formule nécessairement étroite, le juge n'avait à baser sa décision que sur l'équité et il pouvait faire rentrer dans les faits examinés tous les actes dolosifs qui avaient été commis par l'une quelconque des parties. C'est ce qui faisait que ces actions rendaient l'action de dol à peu près inutile. *In bonæ fidei judiciis permitti videtur judici ex æquo et bono æstimandi quantum actori restitui debeat* (Institutes, Liv. 4, tit. VI, 30). Le mot *actor* est pris dans ce texte dans le sens le plus large. Il signifie celui, quel qu'il soit, demandeur ou défendeur, qui se plaint d'un fait dolosif commis dans la formation ou dans l'exécution d'un contrat. C'est pourquoi les actions de bonne foi rendent inutile non-seulement l'action, mais encore l'exception de dol. A toutes les époques de la législation romaine le dol a donc engagé la responsabilité de son auteur, qui a été obligé de réparer le dommage causé par sa fraude, dans les actions de bonne foi.

Il y avait dans la forme des moyens de réprimer le dol une grande différence, selon que le contrat avait été exécuté ou qu'il ne l'était pas encore. Dans le premier cas la victime du dol poursuivait son auteur par voie d'action pour obtenir la réparation du préjudice causé. Dans le second cas c'était sous forme d'exception et en excipant du dol du demandeur que le défendeur demandait la protection de la loi. Il n'avait pas besoin de faire insérer l'exception dans la formule. *Bonæ fidei judicio exceptiones doli mali insunt.* C'est d'ailleurs ce qui résulte du § 30, tit. 6, liv. 4, Instituts, déjà cité quand on y donne au mot *actor* le sens que nous lui avons donné.

Ici le droit prétorien n'avait donc rien à innover pour arriver à une répression efficace du dol. L'action de bonne foi était même dans un cas, d'une utilité plus grande que l'action née du dol, se rattachant à un contrat de droit strict : c'était lorsque l'auteur de la fraude était mort. Il y avait, en effet, en droit romain un principe injuste, et qui, d'ailleurs a été écarté de nos lois. On ne pouvait pas obliger ses héritiers par ses délits comme par ses conventions. Aussi par l'action *in factum* donnée contre les héritiers, au lieu et place de l'action de dol qui ne pouvait être dirigée que contre l'auteur même des manœuvres frauduleuses, on n'obtenait que le montant de ce dont les héritiers s'étaient enrichis, et non celui du préjudice. Si au contraire, on les poursuivait par l'action du contrat, on obtenait la totalité de ce qu'on eût obtenu de l'auteur du dol, *in contractibus quibus doli præstatio et bona fides inest, heres in solidum tenetur*, 152, 3, D. 50, 17. L'action de dol n'était cependant pas complètement inutile dans les actions de bonne foi. Dans un cas, elle permettait de poursuivre, tandis que l'action du contrat était impuissante. Si le dol avait été commis par une personne autre que les parties contractantes, l'action de dol seule pouvait être employée. Nous insisterons d'ailleurs sur ce point quand nous traiterons de l'action de dol.

§ 2. — *Du dol dans les contrats de droit strict.*

6. — Si dans le dernier état du droit et par suite des progrès de la jurisprudence, le dol put être réprimé dans les contrats de droit strict, il n'en fut pas toujours ainsi et primitivement, sous l'influence du formalisme du droit, un contrat une fois formé entre personnes capables devait être exécuté, même si le consentement des parties contractantes avec été extorqué par fraude. Et cette rigueur du droit était telle que la violence elle-même, qui est un vice du consentement encore plus caractérisé que le dol, ne pouvait donner lieu à aucune action en dommages-intérêts ou en rescision. Les formalités nécessaires à la convention étaient suffisantes à sa formation et quelques paroles enchaînaient irrévocablement les parties. Ce que nous disons ici, s'applique non-seulement aux paroles prononcées et donnant naissance à une stipulation, à une *dotis dictio* ou à un *jusjurandum liberti*, mais encore à toute espèce de contrat de droit strict. Le texte de la loi des XII Tables *uti lingua nuncupassit, ita jus esto* doit être étendu et ne s'applique pas seulement aux obligations formées *verbis*. Ainsi c'est d'un contrat formé *litteris* que nous parle Cicéron quand il nous cite dans son traité *de officiis* le dol dont fut victime Pythius. Bien que le dol dont il eut à souffrir fût bien avéré il ne put recourir par aucune voie de droit contre Canius, son cocontractant.

Sous l'empire de l'ancienne législation romaine, il n'y

avait que deux cas dans lesquels on pût poursuivre l'auteur d'une fraude. Le premier de ces deux cas comprend toutes les actions de bonne foi, dans lesquelles, par leur nature même, le juge devait faire rentrer les questions de dol. La loi des XII Tables en donnant à l'action de tutelle directe les caractères d'une action de bonne foi avait rangé cette action dans celles qui permettaient la répression de la fraude. Cette disposition avait été introduite pour faciliter la poursuite des malversations, toujours à craindre, du tuteur. Le second de ces deux cas se réduit à l'application de la *loi Plœthoria*. Cette loi permettait d'agir contre toute personne qui par des manœuvres dolosives avait obtenu d'un mineur le consentement à un acte contraire à ses intérêts.

Nous parlons là seulement des moyens civils d'obtenir réparation d'un dommage causé par fraude, mis à la disposition des citoyens par le droit primitif de Rome. A côté de ces moyens le législateur avait placé des actions criminelles, et l'action *furti* par exemple atteignait ceux dont le fait coupable pouvait être considéré comme un vol. Il y avait bien enfin une autre voie de recours, mais celle-ci était anormale et ne pouvait pas compter dans les exceptions que nous exposons maintenant, c'était l'appel aux censeurs. Ceux-ci avaient le droit de punir les actes de dol. Mais en dehors de cette répression générale, pouvaient-ils obliger à réparer le dommage engendré par ces actes de dol, ceux qui s'en étaient rendus coupables ? Les documents nous manquent pour résoudre cette question et nous nous rangeons à l'opinion de notre éminent professeur,

M. Accarias, qui considère ce point comme douteux, (T. II, p. 1045, note 1).

En dehors de ces moyens exceptionnels, l'auteur du dol était à l'abri de toute poursuite et, ce qu'il y avait de plus scandaleux, conservait le gain dû à sa mauvaise foi. Le législateur ne pouvait rester indifférent à cet état de choses et les préteurs qui s'appliquaient à améliorer le droit civil apportèrent un remède à cette lacune de la législation romaine.

Ils introduisirent d'abord comme accessoire habituel des contrats de droit strict une stipulation qui permettait aux contractants de se défendre contre la fraude. Ils promettaient *dolum abesse abjuturumque* et de cette promesse naissait l'*actio ea stipulatu* par laquelle l'auteur du dol était obligé de réparer le dommage causé par ses manœuvres frauduleuses ; mais cette action avait un vice capital. Comme elle était basée, non sur le dol, mais sur la stipulation et que celle-ci n'était pas obligatoire, aucun moyen de répression n'était donné contre l'auteur du dol à celui qui en avait été victime, quand on avait négligé de fortifier le contrat par la stipulation spéciale *de dolo*.

C'était là le seul moyen de garantie contre la fraude que le droit mît à la disposition des parties ; aussi était-il fréquemment employé et, indépendamment des exemples que nous avons cités, les textes nous donnent la preuve que les contrats étaient le plus souvent fortifiés par l'usage qu'on en faisait. Grâce à lui on pouvait poursuivre le dol dans les contrats de droit strict comme le droit civil permettait de le poursuivre dans les contrats de bonne foi.

Il appartenait à un ami de Cicéron, au préteur Aquilius Gallus, de combler cette lacune regrettable du droit romain. Au nom de la bonne foi il accorda une action, l'action *de dolo*, par laquelle on pouvait attaquer les actes viciés par le dol et que le droit civil ne permettait pas de faire tomber. La L. 1, § 1, D. 4, 3, nous indique dans quels termes était conçu l'édit qui contenait cette réforme : « *Quæ dolo malo facta esse dicentur, si de his rebus alia actio non erit, et justa causa esse videbitur, judicium dabo.* » Cette réforme était un peu tardive précisément parce qu'elle était radicale et que pour la faire il avait fallu lutter contre les lois antérieures. Elle date de l'an 688 de Rome. Déjà vers le milieu du VIIe siècle de Rome, un préteur appelé Cassius avait proposé une exception de dol (4. 33, D. 44, 4).

Plus tard seulement fut introduite par le préteur l'*in integrum restitutio*, de l'introduction de laquelle on ne peut préciser l'époque, mais qui est certainement postérieure à l'action de dol. Cette postériorité résulte clairement du texte déjà cité de Cicéron (*de officiis*, III, 14) qui déclare qu'à l'époque de l'introduction de l'action *de dolo*, aucun recours n'est possible contre un acte frauduleux commis à l'occasion d'un contrat de droit strict, et de deux autres textes du même traité (III, 4, III, 15). Dans ces textes nous voyons qu'en dehors des actions de bonne foi et du cas de la loi *Plætoria*, on ne peut recourir contre l'auteur du dol et que quand on peut l'atteindre c'est par un *judicium de dolo*, termes qui excluent toute possibilité d'existence à ce moment de l'*in integrum restitutio*.

7. — Nous allons rechercher la sphère d'action, les cas d'application et la portée juridique des différentes voies qui s'offraient à la victime du dol.

Un principe qui domine toute notre matière est le suivant : l'action de dol est un moyen subsidiaire qui n'est donné qu'à défaut de toute autre action. Nous prenons ici le mot action dans son sens le plus large, c'est-à-dire que nous lui faisons embrasser toutes les voies de la procédure pouvant assurer la réparation du préjudice. L'action de dol ne peut donc pas être accordée quand le dol se rattache à un contrat de bonne foi, quand une stipulation *de dolo* a été faite ou quand le débiteur est muni d'une exception de dol. Dans ce dernier cas voici ce qui se pssse : le débiteur, tant qu'il n'a pas exécuté son obligation, ne peut pas intenter l'action de dol, car il peut se défendre au moyen de l'exception de dol et qu'il n'a dès lors pas besoin d'attaquer. S'il a exécuté son obligation deux hypothèses peuvent se présenter : il a connu l'existence de l'exception qui le protégeait, et, par son silence, il y a renoncé (12, D. 46, 2) ou il ne l'a pas connue. Il peut alors intenter la *condictio indebiti* qui devra lui être accordée à cause de la perpétuité de l'exécution de dol.

Nous allons examiner les hypothèses dans lesquelles on devra recourir à l'action de dol.

Quand le dol a été commis par une personne autre que les parties contractantes, nulle voie de recours ne sera possible à la victime du dol pour obtenir la réparation du préjudice causé. Dans ce cas l'action de dol devra être intentée et ce sera bien à défaut de tout autre moyen qu'elle sera dirigée contre l'auteur des manœuvres frauduleuses. Mais nous laisserons de côté ce cas, pour nous renfermer dans celui du dol commis par l'une des parties contractantes.

Supposons que l'une des parties ait obtenu par dol la libération de son obligation ; qu'un débiteur ait par exemple fait accepter en paiement à son créancier une créance qui n'existe pas en réalité, et à l'existence de laquelle son dol seul a pu faire croire. Dans ce cas l'action de dol est seule possible et doit être délivrée.

Ces décisions sont des conséquences immédiates du caractère de subsidiarité de l'action de dol. Cette subsidiarité n'est pourtant pas absolue. Les textes nous montrent en effet à côté de l'action de dol la *restitutio in integrum ob dolum*. Cette dernière est accordée dans les cas où l'action de dol ne pourrait pas faire obtenir à la victime du dol la réparation du préjudice causé. C'est une voie à laquelle on ne doit recourir que quand l'action de dol est insuffisante ou inutile.

Ces considérations vont nous servir à régler la marche de notre étude. Nous commencerons par exposer les règles relatives à l'exception de dol ; nous passerons ensuite à l'examen de l'action de dol, qui n'est qu'un moyen subsidiaire, et nous terminerons par l'exposition de l'*integrum restitutio ob dolum*, qui n'est intentée que lorsque l'action de dol ne peut pas faire obtenir la réparation du préjudice causé par le dol.

8. — L'exception de dol en raison même de sa généralité était de beaucoup la plus usitée. Ulpien le constate dans la L. 4. 33. D. 44. 4 et Gaïus nous le prouve en nous en conservant la formule. Quand cette exception avait été insérée dans la formule, le juge devait considérer non seulement les actes argués de dol émanant du demandeur, mais encore ceux qui émanaient du défendeur. La généralité de cette exception était telle qu'elle évitait au demandeur l'ennui de demander une *replicatio doli* et qu'à de très-rares et très-faibles différences près, elle faisait de l'action de droit strict, dont elle était l'accessoire, une véritable action de bonne foi. Cependant si cette exception avait pour effet : 1° d'obliger le défendeur à donner une *cautio* pour assurer la restitution possible de la chose qu'il détenait ; 2° de rendre la *replicatio doli* inutile, ce que n'eût pas fait une exception spéciale ; 3° de permettre au juge de tenir compte des manœuvres frauduleuses postérieures à la *litis contestatio*, elle laissait subsister les règles des actions de droit strict en ce qui concernait les fautes, les fruits et la *plus petitio*, mais dans ce dernier cas s'il s'agissait seulement d'une *actio certa*. Peu importait donc l'époque où l'acte incriminé avait eu lieu et l'exception embrassait non-seulement les fraudes antérieures à la *litis contestatio* mais encore celles qui lui étaient postérieures. C'est d'ailleurs ce qui arrivait dans les actions de bonne foi. Cette dernière faculté laissée au juge de tenir compte des faits qui consti-

tuent le dol, même quand ces faits se sont produits après la *litis contestatio*, était d'une grande utilité. Elle permettait de réprimer le dol qui consistait dans l'obstacle qu'une partie pouvait apporter à l'exécution par son adversaire d'une obligation imposée par le magistrat, de l'exécution de laquelle devait dépendre le gain du procès et dont l'exécution ou la non-exécution ne pouvait être constatée que par le juge, que l'objet de cette obligation fût par exemple un paiement à faire, ou une satisdation à donner.

Nous étudierons en développant les règles de l'action de dol les personnes à qui et contre qui cette action est donnée et comme la solution de ces questions est la même pour l'exception que pour l'action nous nous contenterons de faire remarquer ici que l'auteur du dol est seul nommé dans la rédaction de l'exception, rédaction dans laquelle il n'est pas fait mention du nom de la victime. La première de ces règles souffre cependant une exception ; c'est lorsque le demandeur a profité du dol d'un tiers, de la fraude de qui il est responsable, que ce tiers soit son auteur universel, son mandataire, son auteur à titre particulier, son tuteur ou son curateur. Dans ces derniers cas une restriction doit être apportée à la généralité de notre obligation ; on ne peut opposer dans la plupart des cas le dol de son auteur à l'ayant-cause particulier à titre onéreux, et on ne peut repousser la prétention du pupille ou du mineur de vingt-cinq ans par l'exception basée sur le dol de son tuteur ou de son curateur que s'il s'est enrichi. C'est le contraire de ce qui a lieu dans le mandat. Le mandant coupable d'avoir choisi un mandataire déloyal peut être poursuivi dans tous les cas du chef des manœuvres frauduleuses commises par ce mandataire.

Il n'en n'est pas ainsi de l'action de dol qui ne peut
jamais être donnée contre les tiers qui ont profité du dol
sans l'avoir commis. Cela est logique d'ailleurs. L'action
de dol est infamante et ne doit dès lors frapper que les
personnes coupables des manœuvres frauduleuses, tandis
que l'exception de dol n'est comme toutes les autres exceptions qu'un moyen de réparation pécuniaire qui doit atteindre tous ceux qui ont profité du dol. Nous devons cependant faire remarquer que l'affranchi, bien que l'exception de
dol n'ait rien d'infamant, ne peut l'opposer ni à son patron ni
à son héritier, si elle est basée sur le dol du patron défunt
(4, 16. D. 44, 4), parce que la *reverentia* est due au
patron mort comme au patron vivant (Accarias t. II, p.
1226. Note 1), et que les descendants ne peuvent pas l'opposer à leurs ascendants. Pour faire triompher l'exception
de dol il fallait l'appuyer sur un fait renfermant les éléments de fraude et de préjudice, mais on doit entendre ces
mots dans le sens le plus large, et l'exemple que nous donne
Ulpien nous fait voir la généralité de cette exception. Le
seul fait de poursuivre injustement quelqu'un peut servir
de fondement à l'*exceptio doli*. Voici les termes du texte
d'Ulpien qui forme la loi 2, 5. D. 44. 4 : « *Et generaliter
sciendum est, ex omnibus in factum exceptionibus, doli
oriri exceptionem : quia dolo facit quicumque id quod
quaqua exceptione elidi potest, petit ; nam et si inter ini-*

tia nihil dolo malo facit, attamen nunc petendo facit do-
lose; nisi si talis sit ignorantio in eo, ut dolo careat. »

L'exception de dol, sans avoir rien d'infamant, porte atteinte à la *reverentia* due à certaines personnes, comme nous l'avons dit plus haut parce qu'elle est injurieuse, et ne peut être intentée contre elles. Il en est de même de l'action de dol, mais celle-ci est infamante et c'est là une des différences qui existent entre l'action et l'exception. Ces différences mises en lumière par M. Accarias (T. II. p. 1229) sont les suivantes : L'exception en vertu de la règle *quæ temporalia ad agendum perpetua ad excipiendum* est perpétuelle, tandis que l'action ne l'est pas. Ceci est logique. Le caractère infamant de l'action empêchait le débiteur non encore poursuivi d'actionner le créancier en rescision de l'obligation entachée de dol. Si l'exception n'eût pas été perpétuelle, le débiteur, victime de la fraude, n'eût été qu'imparfaitement protégé. Une seconde différence déjà citée est que l'exception peut être donnée contre des personnes étrangères au dol et qui n'en ont que profité. Le caractère infamant de l'action rendrait bien injuste en ceci une assimilation qui rendrait infâmes des innocents. L'action ne se donne que quand le préjudice dépasse un minimum fixé par la loi, l'exception est accordée quel que soit le préjudice causé. De plus tandis que dans l'action le fait incriminé doit être précisé, l'exception est générale et on peut, quand elle a été accordée, invoquer tous les actes frauduleux par lesquels on croit pouvoir repousser l'action par laquelle on est poursuivi. Enfin l'exception peut être obtenue même quand on a d'autres moyens de défense ; l'action au contraire est une voie qui n'est accordée qu'à défaut d'autre, car il est inutile de noter quelqu'un d'infamie quand on peut autrement obtenir de lui réparation du préjudice causé.

L'exception *doli* a de nombreux points communs avec l'exception *quod metus causa*, mais il existe entre elles une différence radicale ; tandis que la première *scripta in personam* ne peut atteindre qu'exceptionnellement les personnes étrangères au dol, la seconde *scripta in rem* sert à repousser les prétentions d'un demandeur même absolument innocent des faits sur lesquels elle est basée.

9. — Nous abordons maintenant l'action de dol qui exigera des développements considérables.

Cette action qui est pénale en ce sens qu'elle est infamante ne l'est pas au point de vue pécuniaire. Elle n'oblige le défendeur qu'à indemniser le demandeur du dommage qu'il lui a causé.

C'est à son caractère infamant que doivent être attribuées les prohibitions faites à certaines personnes d'intenter l'action de dol contre d'autres personnes à qui elles doivent le respect ou à qui elles sont unies par des liens étroits. Le descendant, l'affranchi, le conjoint, ne peuvent l'obtenir contre l'ascendant, le patron, le conjoint.

Pour que cette action fût accordée, il fallait qu'il y eut dol. Nous avons étudié les éléments du dol et les conditions requises pour qu'un fait fût qualifié de dolosif ; nous n'y reviendrons pas. Mais ici nous observons un fait remarquable à l'époque classique. Le préteur ne renvoyait pas de suite devant le juge. Il examinait lui-même si le fait incriminé réunissait les éléments constitutifs du dol et si les conditions assez nombreuses auxquelles était accordée l'action se trouvaient réunies. C'était la *causæ cognitio*. Voici en quoi différait dans le cas qui nous occupe, l'examen du magistrat, de ce qu'il était dans les autres affaires : Evidemment le droit d'accorder ou de refuser l'action demandée comportait toujours un certain droit d'examen et un certain pouvoir d'appréciation. Mais en cas de dol, comme les conséquences d'une action emportant infamie, étaient très graves, le magistrat examine si le préjudice causé dépasse le minimum fixé par les lois, si les faits allégués constituent bien un dol, si le demandeur n'a pas d'autre voie possible que l'action de dol et s'il ne rentre pas dans une des classes de personnes, qui n'ont pas le droit d'intenter l'action de dol contre le défendeur. Ce sont là les conditions sans lesquelles l'action doit être refusée et si le magistrat estime et constate qu'elles ne sont pas réunies il doit débouter le demandeur.

Nous venons de dire que le montant du préjudice causé devait dépasser un minimum fixé par les L. L. 9, 5, — 10, — 11, D. 4, 3. *Merito causæ cognitionem prætor inseruit : neque enim passim hæc actio indulgenda est. Nam ecce in primis, si modica summa sit, id est, usque ad duos aureos, non debet dari.* On ne voulait pas prodiguer l'infamie. Le texte que nous venons de citer n'obligeait que le préteur. Si l'action était accordée, le juge n'avait qu'à vérifier les points affirmés par le demandeur et à condamner le défendeur quel que fût le dommage. Il recevait en effet l'ordre de juger et non d'examiner si les conditions requises pour la délivrance de l'action étaient réunies. S'il avait débouté le demandeur pour insuffisance du préjudice, il aurait mal jugé, tenu pour non avenue la *causæ cognitio* et empiété sur les attributions du magistrat.

Pour obtenir l'action de dol il fallait soi-même être exempt de dol. Nous renvoyons pour cette condition à ce que nous avons déjà dit sous le n° 5.

De même que toutes les actions prétoriennes, l'action de dol est annale. Mais quel est le point de départ de cette année? C'est le moment où le dol a été découvert et ce n'est pas le jugement qui doit être rendu dans l'année qui suit cette découverte; il suffit que l'action soit engagée. Ce délai est celui de l'époque classique et l'année dont nous parlons est une année utile (3, C. 2, 21). Constantin substitua à ce délai variable un délai fixe de deux autres continues. Cette première partie de l'innovation était bonne. Il n'en est pas de même de la seconde, le point de départ du délai ne fut plus la découverte du dol, mais le moment même de ce dol. (8, C. 2, 21). De plus, il ne suffit pas que l'action soit intentée, il faut que le jugement soit rendu dans ce délai de deux ans. Justinien porta le délai à quatre années continues.

L'action de dol avait un grand inconvénient. Comme toutes les actions basées sur un fait délictueux, elle tombait si l'auteur de ce fait délictueux venait à mourir (35, pr.

D. 44, 7), même quand le délai pendant lequel on pouvait l'intenter n'était pas encore expiré.

10. — L'action de dol n'est accordée que quand aucune autre action ne permet de donner satisfaction à la victime des manœuvres frauduleuses. La loi 1. 1. D. 4, 3 est formelle sur ce point. « *Quæ dolo malo facta esse dicentur, si de his rebus alia actio non erit et puta causa esse videbitur, judicium dabo.* » Le mot *actio* employé dans ce texte doit être pris dans son sens le plus général. Cette disposition est encore une conséquence de ce que le législateur ne veut pas prodiguer l'infamie, qu'entraîne l'action de dol qu'on ne peut invoquer qu'à toute extrémité et à défaut d'une autre voie de recours. Aussi eût-on un interdit, une exception, une action civile ou prétorienne peu importait ; l'existence de ce moyen d'obtenir réparation était un obstacle à la délivrance de l'action de dol. Une stipulation *de dolo* l'empêchait, il en était de même d'une *restitutio in integrum.* Qui plus est, il suffit qu'une action ait existé, qui permît la poursuite de l'auteur du dol, pour que l'action *de dolo* ne soit pas donnée, même si cette action ne peut plus être exercée par suite de l'expiration du délai dans lequel elle devait être intentée, à moins que ce ne soit par suite d'un dol que ce délai soit expiré sans que l'action ait été intentée (L. 1, § 4, 6, D. 4, 3). La loi 38 du même titre nous donne une solution tirée aussi du caractère subsidiaire de l'action de dol. Un débiteur obtient par dol sa libération. Le créancier a l'action de dol ; mais, s'il est mineur de vingt-cinq ans, comme il a le secours de la *res-*

titutio in integrum, on ne lui donne pas l'action de dol qui n'est délivrée qu'à défaut d'autre voie de recours.

Une voie de recours possible contre un tiers exclut l'action de dol. Les LL. 1, § 8-2-3-4-5-6, D. 4, 3 sont formelles à cet égard. La L. 6, du même titre apporte un tempérament à ce principe. Avoir une action contre un insolvable, dit-elle, c'est ne pas en avoir. Aussi dans ce cas peut-on user de l'action de dol. Mais dans tous les cas il faut que la possibilité d'agir autrement soit bien certaine et, pour peu qu'il y ait doute sur ce point, l'action de dol doit être donnée (7,3, D. 4, 3).

11. — Malgré les textes formels que nous venons d'indiquer et qui établissent d'une façon si nette le caractère subsidiaire de l'action de dol, des commentateurs ont cru pouvoir nier ce caractère en se basant sur des arguments que nous allons essayer de réfuter. Lorsque quelqu'un a été victime d'une violence, il a le choix entre l'action de dol et l'action *quod metus causa* 14, 13, D. 4, 2. On en a induit que l'action de dol n'était pas un recours subsidiaire donné à défaut de tout autre. Ce raisonnement pèche selon nous par la base. En effet, le concours d'actions signalé au titre *quod metus causa gestum erit* est une exception à la règle que nous avons développée sous le n° 10 et une exception unique. Les textes ne nous en offrent pas d'autre et il est bien téméraire de nier un principe général posé dans des textes indiscutables en s'appuyant sur un cas particulier, dont la solution est facile à expliquer. Il est probable que l'action *quod metus causa* est postérieure à l'action de dol. Dès que cette dernière fut introduite il est tout naturel qu'on l'ait appliquée à la violence qui n'est qu'une aggravation du dol. Plus tard, quand l'action *quod metus causa* fut accordée on maintint l'application de l'action de dol au cas de violence et il y eut concours des deux voies de réparation.

On fait à notre réfutation l'objection suivante : il n'est pas certain que l'action de dol ait précédé l'action *quod metus causa*. Eh bien, dans cette hypothèse même nous pouvons facilement expliquer le concours des deux actions par l'intérêt que l'on pouvait avoir à choisir une action plutôt que l'autre. Voulait-on obtenir une réparation morale et punir une personne coupable de dol sans s'enrichir soi-même, on intentait l'action de dol qui était plus rigoureuse que l'action *quod metus causa* en ce sens qu'elle emportait infamie. Voulait-on faire condamner au quadruple l'auteur des manœuvres frauduleuses, on le poursuivait par l'action *quod metus causa* dont la condamnation est quatre fois plus forte que le montant du préjudice causé. La différence des effets de ces deux actions fait voir que leur coexistence n'était pas inutile, puisque selon le cas l'intérêt du demandeur faisait porter son choix sur l'une ou sur l'autre.

On invoque en faveur de l'opinion que nous combattons un autre argument. Des textes déclarent que le dol est un cas de *restitutio in integrum*. Il permet aussi d'intenter l'action de dol. Il y a donc concours des deux voies et le caractère subsidiaire de l'action de dol ne peut pas subsister. Ce raisonnement n'est que spécieux. Le dol peut bien donner naissance aux deux moyens de réparation que nous indiquons, mais chacun de ces moyens a sa sphère d'action bien déterminée. Dans certains cas l'*in integrum restitutio* exclut l'action de dol, dans d'autres elle est exclue par elle. En principe quand il y a eu dol c'est l'action de dol qui doit être demandée et délivrée. Mais souvent cette action sera inefficace. Faudra-t-il alors laisser le coupable impuni et la victime sans réparation ? Certainement non ; et alors l'*in integrum restitutio* viendra avec une puissance de résultats que n'avait par l'action de dol empêcher l'appauvrissement de l'un pas l'autre. Prenons une espèce : Un tiers insolvable obtient par dol que je libère mon débiteur ; que pourra me procurer l'action de dol ? La satisfaction dérisoire de poursuivre par une voie infamante un individu peut-être déjà infâme ou au moins que la privation de droits résultant de l'infamie n'affecterait que médiocrement. Tandis qu'au moyen de l'*in integrum restitutio* je fais revivre la dette que mon intérêt était de ne pas voir s'éteindre. Quant à l'action à employer ce n'est pas au demandeur à la choisir, c'est au magistrat, qui délivre la formule à apprécier d'après les circonstances de la cause, et ainsi nous conservons son caractère subsidiaire à l'action de dol en nous maintenant dans l'esprit et dans la lettre de la loi romaine.

Nous ne pouvons pas abandonner cette matière sans réfuter une objection tirée d'un texte et qui n'a, selon nous, aucune valeur. La loi 1, C. 2, 21 cite un cas dans lequel l'action de dol est donnée. Or il s'agit d'un contrat de bonne foi, producteur d'une action qui concourt avec l'action de dol. Voici le texte : « *Si fidejussor a creditore pignora emerit : oblata quantitate sortis et usurarum, tibi dominium cum fructibus, quos bona fide percepit, consultius restituet, ne fidei ruptæ gratia de dolo possit actio exerceri.* » Il suffit de le lire pour voir que ce n'est pas par action de dol que doivent se traduire les mots *de dolo actio*, mais par action basée sur le dol, car c'est évidemment à l'action de bonne foi tirée du contrat et ayant le dol pour fondement que le législateur a songé dans l'espèce.

12. — A propos de l'exception de dol et en signalant les différences qui existaient entre cette exception et l'action de dol nous avons indiqué rapidement à qui et contre qui était donnée cette action (n° 8). Nous allons reprendre en détail l'étude de cette importante question.

Un dol est commis. A défaut d'autre voie de recours la partie lésée a contre l'auteur du dol l'action *doli* : ceci est incontestable. Il en est même ainsi quand le dol était dirigé contre un tiers et qu'elle n'en a souffert qu'accidentellement. Mais des personnes coupables de dol peuvent-elles ne pas être poursuivies par l'action de dol ? En principe, non. Il y a cependant à la règle quelques exceptions que nous allons parcourir.

Ces exceptions sont le résultat du respect qu'on doit à ses parents, à son patron, aux personnes d'une classe supérieure à la sienne. Le législateur romain a considéré cet état d'infériorité, comme incompatible avec une poursuite injurieuse et infamante. Il a craint de compromettre la solidité d'une société aristocratique, qui avait pour bases la famille, le patronat, l'inégalité des conditions s'il accordait aux enfants, aux affranchis, aux plébéiens, le droit d'intenter une action infamante contre leurs ascendants, leurs patrons ou les consulaires. Nous devons ajouter à cette énumération le conjoint et celui qui vivait habituellement dans la débauche qui ne pouvaient agir *de dolo* l'un contre son conjoint, l'autre contre une personne honorable.

Il ne pouvait cependant se faire que dans ces cas, aucune voie de recours ne fût donnée à la partie lésée. Aussi le législateur en indiquant ces incapacités y a-t-il en même temps apporté un tempérament. L. 11, § 1, L. 12, D. 4, 3. « *Quibusdam personis non dabitur : utputa liberis vel libertis adversus parentes patronosve : cum sit famosa. Sed nec humili, adversus eum, qui dignitate excellit, debent dari, puta plebeio adversus consularem receptæ auctoritatis : vel luxurioso atque prodigo, aut alias vili adversus hominem vitæ emendatioris : et ita Labeo. Quid ergo in horum persona dicendum est : in factum verbis temperandam actionem dandam, ut bonæ fidei mentio fiat ne ex suo dolo lucrentur.* » Le préteur *causa cognita* accordait une *actio in factum*, que les derniers mots de notre citation, qui forment la L. 12, D. 4, 3, déclarent avoir pour fondement le principe d'équité que nul ne doit s'enrichir injustement aux dépens d'autrui. Il y a dans cette assertion de Paul une erreur manifeste ; si le fondement de cette action était le gain injuste de l'auteur du dol, celui-ci ne serait condamné à restituer que le montant de ce gain. Il n'en est rien pourtant. Personne, en effet, ne discute que cette action *in factum* n'ait les mêmes effets que l'action de dol. Il faut donc lui chercher un autre fondement. Nous le trouvons dans un principe général, posé dans les LL. 5, § 1, L. 6, L. 7, pr. D. 37, 15, pour les actions et dans la L. 4, 16, D. 44, 4, pour les exceptions. « *Sed nec famosæ actiones adversus eos (parens, patronus, patrona, liberive aut parentes patroni patronæve) dantur : nec hæ quidem, quæ doli vel fraudis habent mentionem ; nec servi corrupti agetur; licet famosæ non sint. Et adversus parentes patronosve, neque doli exceptio, neque alia quidem quæ patroni parentisve opinionem apud bonas mores sugillet, competere potest ; in factum tamen erit excipiendum.....* Ces textes nous indiquent nettement le motif qui a dicté cette disposition. On a voulu simplement que la partie lésée ne pût pas intenter une action injurieuse contre certaines personnes, auxquelles elle était socialement inférieure, ou, dans tous les cas, envers lesquelles elle était tenue à observer certaines convenances.

Les textes étudiés nous offrent une espèce remarquable. L'affranchi non-seulement ne pouvait pas exercer l'action de dol contre son patron, mais encore il ne pouvait pas l'exercer contre les parents ou les enfants du patron. Ici, la prohibition est plus étendue que lorsqu'il s'agissait de l'exception. Ceci est naturel et provient de ce que l'action est infamante, tandis que l'exception n'est qu'injurieuse.

13. — Il est des espèces dans lesquelles l'action de dol peut être donnée contre des personnes autres que l'auteur

du dol. Nous trouvons dans la L. 15, D. 4, 3, un exemple de ce que nous avançons. Cette loi nous dit que si le pupille a profité des manœuvres frauduleuses du tuteur on doit donner contre lui l'action de dol, de même qu'on délivrerait contre lui l'exception de dol, si c'était lui qui fût demandeur. La L. 3, D. 26, 9 est dans le même sens mais elle est plus générale : « *Dolus tutorum puero neque nocere neque prodesse debet. Quod autem vulgo dicitur tutoris dolum pupillo non nocere, tunc verum est, cum illius fraude locupletior pupillus factus non est* ». Ce principe, que le pupille ne doit ni profiter ni souffrir du dol du tuteur, est général. De ce principe découle une conséquence que nous trouvons à la L. 1, D. 26. 9. « *Ob dolum malum, vel culpam tutoris, Aristo ait pupillum possessorem condemnnandum : sed non puto, quanti actor in litem juraret. Et tamen illud ita est, si rem a tutore pupillus servare possit.* » Le pupille ne devant pas souffrir du dol du tuteur, ne doit être condamné que jusqu'à concurrence de ce dont il s'était enrichi. Si cependant le tuteur est solvable et si le recours qu'exercera contre lui le pupille condamné doit être efficace, le pupille pourra être condamné *in infinitum.* Il en est de même si le tuteur peut offrir des fidéjusseurs solvables, ce qui prouve bien que le seul but poursuivi par la loi est que le pupille n'ait pas à souffrir des manœuvres frauduleuses du tuteur. Si ce dernier est insolvable et ne peut pas offrir des cautions solvables, le pupille pourra se soustraire aux poursuites fondées sur le dol du tuteur à la condition de céder ses actions contre les fidéjusseurs et le tuteur dont le dol, s'il ne doit pas lui causer de préjudice, ne doit pas non plus lui profiter.

Le mandant peut aussi se voir reprocher le dol du mandataire, le municipe peut être poursuivi pour faits dolosifs commis par ceux qui gèrent ses affaires. Mais une différence bien tranchée sépare ces hypothèses de celle que nous venons d'étudier. Il est juste que le pupille, qui ne choisit pas son tuteur, ne soit en rien responsable de ses actes. La situation du mandant, du municipe est bien différente. Ils choisissent l'un son mandataire, l'autre ses administrateurs et ils devraient être tenus *in infinitum* des actes de personnes qu'ils ont eux-mêmes préposées à leurs affaires et qu'ils ont par cela même recommandées à leurs cocontractants. I n'en est rien pourtant et ils ne sont responsables de ce dol que dans la limite de leur enrichissement.

Nous devons faire remarquer en terminant que l'action de dol donnée contre le pupille, le mandant ou le municipe, n'a de l'action de dol que le nom. Elle sera bien basée sur le fait délictueux, mais elle n'emportera pas infamie, car on ne peut déclarer infâme une personne qui n'a commis aucun acte répréhensible. De plus, elle sera perpétuelle tandis que l'action de dol est annale.

L'action de dol est-elle transmissible activement ou passivement ? Nous séparerons les deux hypothèses dont la solution est différente. Les héritiers de la victime pourront évidemment intenter l'action de dol contre l'auteur des manœuvres frauduleuses. Mais si c'est ce dernier qui est mort ses héritiers pourront-ils être poursuivis ? Nous distinguerons selon que l'action a déjà été intentée et que la *litis contestatio* est intervenue, ou que l'on n'est pas encore arrivé à la *litis contestatio* ; dans le premier cas les héritiers de l'auteur du dol peuvent être poursuivis par l'action de dol ; dans le second ils ne sont tenus que par une action *in factum* et dans la limite de leur enrichissement.

Voilà les exceptions à la règle que l'action de dol n'est donnée que contre l'auteur du dol. Cette règle constitue la plus importante des différences qui existent entre l'action de dol et l'action *quod metus causa*. Celle-ci au lieu d'être *scripta in personam* est *scripta in rem*, c'est-à-dire qu'elle est donnée non-seulement contre l'auteur de la violence, mais encore contre toute personne qui a profité de la violence. Cette différence est rationnelle. D'abord la violence qui n'est autre chose qu'un dol plus grave que le dol pur et simple, doit être réprimée plus sévèrement et surtout plus efficacement que le dol. Et une *actio scripta in personam* ne constituerait qu'une répression insuffisante. En effet, l'auteur ou les auteurs de la violence ne seront, le plus souvent, que des gens sans aveu, d'une insolvabilité parfaite et aux gages de l'une des parties. Si l'on tient compte de la difficulté qu'il y aura à prouver la convention intervenue entre cette partie qui n'aura pas voulu se compromettre et les auteurs matériels de la violence ; de l'impossibilité où l'on sera souvent de retrouver ces auteurs qui peut-être auront agi de nuit et déguisés, mais presque toujours à l'instigation de celui qui a intérêt à la violence, on verra que c'est ce dernier qu'il faut atteindre, en passant par-dessus les agents intermédiaires, si on veut avoir une loi réellement répressive. Rien de cela n'a lieu pour le dol. Le plus souvent on en connaît l'auteur. Il est d'ailleurs bien plus facile de se défendre contre le dol que contre la violence ; un peu d'attention suffit à cela. On voit dès lors pourquoi il existe entre les deux actions que nous venons d'étudier la différence que nous avons signalée.

Nous allons terminer cette étude de l'action de dol par l'examen de ses conséquences. Cet action est arbitraire, c'est-à-dire que le défendeur peut se soustraire à la condamnation et à l'infamie qui en est la conséquence en exécutant l'*arbitrium* ou *jussus* du juge, qui a pour objet la satisfaction du demandeur. Le législateur, dont la préoccupation constante en toute cette matière a été de ne pas prodiguer l'infamie, a voulu permettre au défendeur d'échapper aux suites de la condamnation. Mais il faut pour que l'action soit arbitraire que cette satisfaction soit possible. Si par un évènement quelconque elle est devenue impossible, par la mort par exemple de l'animal que le juge a ordonné au défendeur de restituer, l'action cesse, par la force même des choses, d'être arbitraire. Nous trouvons ce principe posé d'une façon générale dans la l. 18, 1, D. 4, 3 qui en fait l'application au cas où la satisfaction ordonnée par le juge consisterait dans la restitution d'un esclave qui est mort : « *non tamen semper in hod judicio arbitrio judicis dandum est : quid enim, si manifestum sit, restitui non posse? Veluti si servus dolo malo tradi-*

tus, defunctus sit, ideoque protinus in id condemnari debeat, quod intersit actoris. »

Ici se place une question qui se pose chaque fois qu'il s'agit d'actions arbitraires. Si l'auteur du dol a été condamné par le juge à accorder à sa victime une satisfaction déterminée peut-on employer la force publique pour lui faire exécuter une condamnation à laquelle il ne veut pas se soumettre *proprio nato*? En principe on le peut ; toutes les fois qu'on pourra remettre les choses dans leur état antérieur sans exercer sur personne une violence physique la *manus militaris* sera employée à l'exécution du *jussus* du juge. Le contraire a lieu chaque fois que pour remettre lés choses en l'état antérieur au dol il faudrait contraindre une personne à faire un acte auquel elle se refuse. Dans ce cas on doit prévoir trois hypothèses : l'auteur du dol consent à accorder la réparation ordonnée par le juge. Dans ce cas les effets du dol sont annulés. Que si l'auteur des manœuvres frauduleuses refuse d'obéir au *jussus*, il ne peut être condamné qu'à une réparation pécuniaire dont le demandeur a le droit de déterminer le montant. Il ne faut pas croire pourtant que cette taxation soit arbitraire. D'abord c'est sous la garantie du serment (*juramentum ad litem*) qu'elle est faite. De plus elle ne doit pas dépasser une somme déterminée (*taxatio maxima*) à l'avance par le juge. Nous rappelons que c'est toujours sur le préjudice causé que doit être basée la condamnation. Enfin il peut se faire que l'auteur du dol veuille exécuter le *jussus* et que cela lui soit impossible. Dans ce cas l'objet de la condamnation sera purement pécuniaire, seulement son montant au lieu d'être comme précédemment fixé par un *juramentum in litem cum taxatione* sera estimé par le juge lui-même. Ces décisions se trouvent dans la loi 18, pr. D. 4, 3. *Arbitrio judicis in hac quoque actione restitutio comprehenditur : et, nisi fiat restitutio, sequitur condemnatio quanti ea res est. Ideo autem et hic, et in metus causa actione, certa quantitas non adjicitur : ut possit per contumaciam suam tanti reus condemnari, quanti actor in litem juraverit : sed officio judicis debet in utraque actione, taxatione jusjurandum refrenari.*

En fait on voit la différence énorme qui existe entre ces deux manières de procéder. Quand le juge appréciera la condamnation, son montant sera bien moins élevé que lorsque le demandeur l'appréciera lui-même. Mais à un autre point de vue les deux cas se ressemblent. Que l'auteur du dol ne veuille pas réparer le préjudice qu'il a causé ou que cette réparation soit impossible, il est atteint par l'infamie qui est une des conséquences de l'action de dol. Cette assimilation est regrettable. Le défendeur qui fournit la satisfaction ordonnée par le juge se soustrait, en agissant ainsi, aux suites du caractère infamant de l'action de dol ; n'aurait-il pas été, si ce n'est juridique, au moins équitable d'accorder ce droit au défendeur qui, sans parti pris ni mauvaise volonté, ne pouvait fournir cette satisfaction ?

15. — Nous n'avons fait que signaler en passant le caractère pénal de l'action de dol. De ce caractère nous déduirons quelques conséquences importantes qu'il est indis-

pensable de ne pas passer sous silence. De plus les actions pénales ont des règles spéciales. Nous étudierons lesquelles de ces règles s'appliquent à l'action de dol.

Les actions peuvent être pénales activement, passivement ou tout ensemble au point de vue actif et passif. L'action de dol, pénale au point de vue passif, ne l'est pas au point de vue actif, *a parte actoris*. Elle n'a pour but, au point de vue du demandeur, que la réparation d'un dommage. C'est pourquoi elle ne peut être exercée en même temps qu'une action *rei persecutoria*, ce qui aurait lieu si elle était pénale activement. « *Secundum quæ, et si pænali actione indemnitate ejus consuli possit, dicendum erit cessare de dolo actionem. Pomponius autem etiamsi popularis actio sit, cessare de dolo ait actionem* » L. 7. § 1. 2. D. 4. 3.

De plus si les manœuvres frauduleuses sont l'œuvre de plusieurs auteurs, on ne peut les poursuivre chacun pour le tout, ce qui aurait lieu si l'action était pénale activement.

Nous avons dit plus haut que l'action de dol était pénale passivement. En effet, tandis qu'elle n'enrichit pas le demandeur elle peut appauvrir le défendeur. C'est ce qui arrive lorsqu'il n'a pas conservé en entier l'objet du dol ou que cet objet a été dégradé. Étant pénale, cette action n'est pas transmissible passivement, c'est-à-dire que, si elle est donnée aux héritiers de la victime du dol, elle n'est pas donnée contre les héritiers de l'auteur du dol. La L. 29. D. 4. 3. applique à l'action de dol la règle que les actions pénales ne se transmettent passivement qu'après que la

novation produite par la *litiscontestatio* s'est produite :
« *Sabinus putat calculi ratione potius, quam maleficii herëdem conveniri : denique famosum non fieri : ideoque in perpetuum teneri oportere.* »

C'est là une lacune grave dans la législation romaine. Les héritiers étaient tenus par les contrats de leur auteur, ils ne l'étaient pas par ses délits et la mort du coupable interdisait tout recours à la victime du dol.

L'action de dol est noxale, nous dit la loi 9, 4, D. 4. 3. Cette loi est difficile à expliquer et elle a donné naissance à plusieurs systèmes ; voici celui auquel nous croyons devoir nous arrêter.

Deux cas sont successivement examinés dans cette loi ; dans le premier c'est le maître qui s'est rendu coupable du dol. « *Et si servum pigneratum noxæ mihi dederis per judicem, et ita absolutus, de dola teneris, si apparuerit esse eum pignori datum, hæc de dolo actio noxalis erit....* » Ce n'est pas une action noxale à proprement parler, puisque c'est une personne qui n'est pas soumise à l'abandon noxal qui y est soumise. Si le jurisconsulte a dans ce cas employé les mots d'action noxale c'est à tort et induit en erreur par ceci, que le dol du maître a été indirectement causé par le fait d'un esclave.

« *Ideo Labeo scribit de dolo actionem servi nomine, interdum de peculio, interdum noxalem dari : nam si ea res est in quam dolus commissus est, ex qua de peculio daretur actio ; et nunc in peculio dandam : sin vero ea sit, ex qua noxalis, hoc quoque noxale futurum.* »

Cette seconde partie de la loi s'occupe, contrairement à la première du dol commis par l'esclave. Selon que la manœuvre frauduleuse permettra d'intenter l'action *de peculio* ou l'action noxale, l'action de dol sera donnée *de peculio* ou *noxalis*, c'est-à-dire avec l'adjonction de l'action indirecte ou *adjectitiæ qualitatis, de peculio* ou *noxalis*. D'après ce texte il y a des cas où le dol de l'esclave ne donne naissance qu'à l'action *de peculio* sans permettre d'intenter l'action noxale. Or nous ne trouvons aucun de ces cas dans les lois romaines. Voici comment on a tourné cette difficulté et expliqué la seconde partie de la loi que nous étudions. Labéon recherche si on doit poursuivre le maître à raison du dol de son esclave par une action noxale ou par une action renforcée par l'action *de peculio*, et il résout la question par une distinction : on donne l'action du contrat *de peculio*, si le dol s'est produit à propos d'un contrat de bonne foi ; mais s'il se rattache à un contrat de droit strict ou s'il s'est produit en dehors de tout contrat il devra être poursuivi par l'action de dol armée de l'action noxale. Ce système pèche en ce que ce n'est que lorsque l'action naît d'un contrat de bonne foi et par conséquent est dirigée contre le maître qu'elle prend la forme d'une action *de peculio* et que Labéon dit d'une façon formelle que l'action donnée *nomine servi interdum de peculios, interdum noxalis est*. Dans notre système elle est toujours noxale. Malgré cette contradiction nous persistons dans une opinion qui a pour elle la haute autorité de M. Accarias.

Pour être soumis à une action pénale il fallait être *doli capax* et par conséquent *pubertatis proximus*, car c'était un principe général admis en matière criminelle que le mineur sorti de l'*infantia* était responsable de ses actes. L'âge auquel cette responsabilité commençait avait été fixé à sept ans. L'action de dol qui était pénale devait être donnée contre le mineur arrivé à cet âge et c'est en effet ce qui avait lieu. Mais la question avait été longuement discutée et ce n'est qu'après beaucoup de tergiversations qu'on s'était mis d'accord sur ce point. L. 13, 1, D. 4, 3 « *Item in causæ cognitione versari Labeo ait, ne in pupillum de dolo detur actio, nisi forte nomine hereditario conveniatur. Ego arbitror, et ex suo dolo conveniendum, si proximus pubertatis est : maxime si locupletior ex hoc factus est.* »

Il est un point sur lequel on discute encore. Quand l'action de dol était donnée contre un mineur, conservait-elle ou non son caractère infamant? Nous croyons qu'elle emportait infamie même contre le mineur. Notre opinion s'appuie sur le droit commun qu'aucun texte ne contredit pour notre espèce, et quant aux arguments qu'on pourrait tirer de l'intérêt qu'excite la personne du mineur, nous pouvons les réfuter. Le § 1, titre 22, livre 1 des Institutes nous parle de la déportation des impubères et la déportation est une peine autrement rigoureuse que l'infamie.

Nous devons rappeler en terminant l'exposé des effets de l'action de dol au point de vue pénal, que l'infamie qui en résulte ne frappe que ceux qui sont condamnés *suo nomine.* C'est là un principe dont nous avons déjà rencontré de nombreuses conséquences L. 1, D. 3, 2.

16. — Quand on ne pouvait pas ou qu'on ne pouvait plus atteindre l'auteur du dol par l'action de dol on avait encore la ressource très souvent efficace d'une action *in factum* qui différait beaucoup de l'action de dol. Quoique semblables par la forme, l'action de dol étant aussi *in factum*, ces actions avaient des effets très divers. L'action *in factum* n'était pas infamante. C'est là son trait essentiel. Mais de plus elle n'est pas arbitraire ; c'est là du moins l'opinion de la majorité des interprètes et nous nous y rangeons ; elle ne fait pas obtenir au demandeur la totalité du préjudice causé. Elle n'oblige le défendeur qu'à la restitution de ce dont il s'est enrichi. Enfin elle est perpétuelle contrairement à l'action de dol. Étudions dans quels cas cette action était donnée.

On l'accordait à la victime du dol contre les tiers qui avaient profité du dol et qu'il ne pourrait atteindre par l'action de dol. C'est ainsi qu'on poursuivait le mandant responsable de son mandataire et l'héritier de l'auteur des manœuvres frauduleuses. On pouvait aussi user de cette action contre l'auteur du dol quand le délai de l'action de dol était expiré.

« *Itaque si accepto lata sit tibi pecunia omnimodo cum herede tuo agetur. At si res tibi tradita sit : si quidem mortuo te ea res extitit, agetur cum herede tuo : si minus, non agetur ; sed utique in heredem perpetuo dabitur : quia non debet lucrari ex alieno damno. Cui conve-*

niens est, ut et in ipso, qui dolo commiserit, in id, quo locupletior esset perpetuo danda sit in factum actio. ›
L. 28. D. 4. 3.

L'action *in factum* était demandée dans quelques cas où l'action de dol proprement dite ne pouvait être accordée. Ces cas dont nous avons déja parlé doivent être rappelés ici. Comme on ne voulait pas prodiguer l'infamie, l'action de dol n'était donnée que si le préjudice dépassait un minimum fixé par la loi. Dans le cas contraire on dondait une action *in factum*. Il en était de même quand l'action de dol était refusée parce que la victime du dol était tenue de certains devoirs de convenance à l'égard de l'auteur des manœuvres frauduleuses qui pouvait être son ascendant ou son patron.

Mais dans ces cas il faut remarquer que l'action *in factum* était pénale *a parte rei* et que la victime obtenait non ce dont l'auteur du dol s'était enrichi, mais le montant intégral du préjudice qu'il avait éprouvé. Semblables en ce point, les deux cas que nous étudions différaient en ce que dans le premier l'action était perpétuelle, tandis que dans le second elle est pénale au même titre que l'action de dol proprement dite, l'infamie exceptée, et s'éteint par conséquent par le même laps de temps que l'action de dol elle-même.

Nous devons signaler ici l'emploi de l'action *in factum* au cas de préjudice immatériel et exempt de fraude. Elle complétait en effet par cet usage le système formé par l'action *aquilienne* et par l'action *de dolo malo* et qui avait pour but de réprimer toute espèce de dommage commis injustement dans la formation ou à l'occasion d'un contrat où en dehors de toute convention.

17. — Nous arrivons à l'*in integrum restitutio ob dolum*.

Et d'abord rappelons l'opinion de quelques romanistes qui se basant sur la rareté des cas dans lesquels elle est accordée, sur quelques textes douteux et sur une interprétation, selon nous, erronée de la L. 7, 1, D. 4, 1, déclarent que l'*in integrum restitutio* ne s'est jamais appliquée au cas de dol. Cette loi est ainsi conçue : « *Nec intra has solum species consistet hujus generis auxilium : etenim deceptis sine culpa sua, maxime si fraus ab adversario intervenerit, succurri oportebit ; quum etiam de dolo malo competere soleat : et boni prætoris est potius restituere litem : ut et ratio et æquitas postulabit, quam actionem famosam constituere ; ad quam tunc demum descendendum est, cum remedio locus esse non potest.* » Ce texte implique, selon nous, d'une façon bien claire l'application au dol de la voie que nous étudions et comme il est d'ailleurs corroboré par des textes plus décisifs, encore s'il est possible (1. D. 4, 1. — Paul Sentences I. 7, § 2), nous considérons comme réfutée l'opinion que nous combattons.

L'*in integrum restitutio* n'était pas inutile dans son application au dol. Elle était réelle, tandis que l'action de dol, purement personnelle, ne pouvait pas amener la réparation du dommage causé, lorsque l'auteur de la fraude était insolvable et elle permettait, étant opposable aux tiers, de leur reprendre les biens que le dol avait fait perdre.; mais si en cela elle avait une sanction plus énergique que l'action de dol, elle n'entraînait pas, comme cette dernière, l'infamie contre le défendeur, et la crainte de l'infamie pouvait amener une réparation plus complète, plus rapide et plus facile que toute condamnation civile. Le demandeur avait-il donc le choix entre ces différents moyens de recours et pouvait-il librement intenter l'une ou l'autre de ces deux actions ? Nous ne le pensons pas. Pour ceux qui nient l'existence de l'*in integrum restitutio ob dolum*, il n'y a pas de difficulté possible. Il n'y en a pas non plus pour nous. Chacun de ces moyens de recours a des cas d'application différents; mais ce n'est pas au demandeur qu'il appartient de choisir l'un à l'exclusion de l'autre. En principe c'est l'action de dol que l'on donne. Mais cette action au point de vue de la réparation pécuniaire du dommage causé, n'est pas toujours accompagnée d'une sanction suffisante. C'est ce cas dont nous parlions plus haut quand nous établissions la supériorité de l'*in integrum restitutio* qui indemnise le demandeur dans le cas d'insolvabilité du défendeur et quand un tiers même de bonne foi a profité de la fraude. Induit en erreur par des manœuvres frauduleuses j'aurai remis sa dette à mon débiteur. La personne qui s'est rendue coupable de la fraude est insolvable. L'action *de dolo* me sera inutile et ne me procurera que la bien illusoire satisfaction de faire noter mon adversaire d'infamie. L'*in integrum restitutio* remettant au contraire les choses dans leur état primitif me fera rentrer dans ma créance et me procurera un mode de réparation absolument efficace.

Cette doctrine ne se trouve pas développée dans un texte; mais elle résulte de l'ensemble de textes qui traitent d'espèces particulières en sous-entendant le principe que nous exposons. Reprenons par exemple, un texte déjà cité, la loi 7, 1, D. 4, 1. J'ai un procès, et mon adversaire l'emporte sur moi, grâce au dol dont il s'est rendu coupable. Si je demande contre lui l'action de dol, à quelles conditions pourrai-je l'emporter? Il faudra que je prouve que, s'il n'y avait pas eu de dol, je l'aurais emporté dans le premier procès, c'est-à-dire que j'expose, en les prouvant, devant le juge de l'action *de dolo*, jusqu'aux moindres détails de l'affaire primitive. Cela me sera souvent difficile. Par l'*in integrum restitutio*, il me suffira, au contraire, pour faire tomber le jugement que j'attaque, de prouver le dol de mon adversaire. Que j'eusse dû gagner ou perdre le procès primitif, peu importe. Je serai replacé dans la situation ou j'étais avant le jugement que le dol a amené. Dans le texte dont nous venons de rapporter l'espèce, les mots *adversarius* et *restituere litem* indiquent clairement qu'il s'agit d'un dol pratiqué dans un procès et nous acceptons comme indiscutable l'explication que M. Accarias a donnée de cette espèce dans son *Précis de droit Romain*, t. II, 840, *in fine*.

Nous trouvons dans le Digeste un exemple semblable au précédent. Voici, en effet, la substance de la loi 23, D. 42, 1. Un procès a été gagné, grâce à la déposition de faux témoins, la partie perdante devra employer la voie de l'*in integrum restitutio* pour faire annuler le jugement rendu en fraude de ses droits de manière à obtenir un second jugement.

Dans cette loi comme dans la loi citée plus haut, il s'agit d'un procès, ce qui pourrait donner à croire que ce n'est que pour la répression du dol commis dans le cours d'une instance qu'est donnée l'*in integrum restitutio*. Il n'en est rien pourtant. Que cette voie soit employée presque toujours quand il s'agit d'un dol commis dans l'intention de modifier une sentence, nous n'en disconvenons pas. Cela tient à la nature même des choses. L'action de dol qui a, quand on discute sur la validité d'un contrat, un fait très simple en général pour objet et qui n'exige que l'examen de documents le plus souvent faciles à étudier, dans les demandes basées sur un acte dolosif commis au cours d'une instance aurait demandé l'examen des faits constituant l'instance primitive, faits trop complexes pour ne pas surcharger dans presque tous les cas au-delà de toute limite l'action *de dolo* elle-même. La preuve de ce que nous avançons et de ce que les textes étudiés résolvent des espèces particulières et ne posent pas de principes généraux se trouve dans les lois 1, 2, D. 10, 1, et 18, D. 11, 1. Ces lois donnent l'action de dol contre les auteurs d'actes frauduleux commis dans une instance. L'*in integrum restitutio* n'était donc pas spécialement réservée à ce cas.

Avant d'abandonner le sujet qui nous occupe nous devons dire en quelques mots le mécanisme de l'*in integrum restitutio* appliquée au dol. Dans le droit classique c'était le magistrat lui-même qui jugeait ces sortes de recours et il pouvait terminer les procès de deux manières différentes : Ordonner la restitution matérielle de la chose acquise par dol, (L. 39, *pr.* D. 21, 2. par analogie), ou donner à la victime le droit d'intenter une action en justice. Ceci résulte de l'impossibilité dans laquelle se trouvait le magistrat d'examiner le fait à l'authenticité duquel était souvent soumise la restitution et de régler lui-même les comptes à débattre entre les parties. Prenons un exemple : le magistrat renvoie les parties devant un juge à qui il ordonne de vérifier si la lésion alléguée par le demandeur est réelle. La sentence du juge est l'événement qui doit faire évanouir la restitution conditionnelle prononcée par le magistrat ou qui doit lui donner naissance. Cette procédure sur laquelle nous n'avons d'ailleurs pas de textes formels était certainement imposée par la force des choses. Qui plus est, un texte d'Ulpien (1. 1, D. 4. 6), nous prouve que primitivement l'*in integrum restitutio* consistait probablement toujours dans la délivrance d'une action qui venait remplacer l'action perdue. Callistrate nous dit d'ailleurs que de son temps ces formes ont été modifiées et que le magistrat vide lui-même tout le différend (2, *pr.* D. 4. 6), mais son allégation n'enlève rien à l'affirmation d'Ulpien qui se rapporte à une époque antérieure.

18. — Nous avons à parler maintenant d'une distinction faite par les interprètes et de quelques questions discutées.

Des interprètes ont dit qu'il y avait deux sortes de dol :
le dol incident et le dol principal. Le premier se rat-
tacherait aux modalités, aux détails du contrat et serait tel
que s'il n'avait pas été commis, le contrat eût quand même
été fait, quoique peut-être il eût été fait différent de ce qu'il
est en réalité. Le second, au lieu de ne viser que les conditions accidentelles et secondaires et les accessoires du
contrat, se rattache à la création même du contrat qui sans
lui n'eût pas été formé. Aussi l'a-t-on appelé *dolus dans
causam contractui*, par opposition au *dolus incidens*.

Des romanistes après avoir admis cette distinction ont
cru voir dans certains textes une différence radicale entre
les deux espèces de dol. Tandis que, selon eux, le premier ne
permettait pas la rescision du contrat auquel il se ratta-
chait et n'accordait au demandeur que des dommages intérêts, le second pouvait être une cause de rescision de la
convention, si la victime du dol ne voulait pas se contenter
de dommages-intérêts. Cette disposition qui existe dans nos
lois est à coup sûr très sage. Elle donne aux conventions
un élément de solidité de plus, tout en respectant les droits
de la partie lésée ; mais nous croyons qu'aucun texte ne
l'établit en droit romain. Plusieurs lois d'ailleurs lui sont
contraires, et nous allons développer les principales objections faites à cette théorie que nous combattons.

Nos adversaires invoquent à l'appui de leur opinion
plusieurs textes, L. 16, 1, D. 4, 4. « *Item relatum
est apud Labeonem, si minor circumscriptus societatem
coierit, vel etiam donationis causa nullam esse societa-*

*tem, nec intermajores quidem ; et ideo cessare partes prœ-
toris. Idem et Ofilius respondit : satis enim ipso jure
munitus est.* » 3, 3. D. 17, 2. « *Societas, si dolo malo,
est ; quia fides aut fraudendi, causa coita sit, ipso
jure nullius momenti bona contraria est fraudi, et dolo.* »
Dans ces cas, disent-ils, il y a rescision parce que le
dol est tel que s'il n'avait pas été commis le contrat
n'aurait pas été formé. Mais aucun de ces textes nous
prouve-t-il que si le dol, au lieu d'être principal, eût été
incident, il en aurait été autrement? Et même ces lois ne
se rapportent-elles qu'à des cas de dol principal? Qui
prouve qu'elles ne visent que le cas où les manœuvres frauduleuses ont amené la formation du contrat et non ceux
où elles n'ont eu pour résultat que la modification de
clauses accessoires? Nos adversaires donnent d'ailleurs à la
loi 3, 3, D. 17, 2, un sens erroné que nous rectifierons
sous le n° 19. On nous oppose encore trois textes formels,
mais dont deux sont contredits par d'autres textes non
moins formels ; quant au troisième, il reste seul, et on
comprendra sans peine que nous repoussions une théorie
générale, basée sur une distinction arbitraire et douteuse,
et tirée par induction d'une loi qui s'applique à un fait
spécial, et qui se rapporte à une matière dans laquelle les
règles sont presque toutes contraires aux règles qui régissent les autres matières.

Les textes qu'on nous oppose règlent des espèces de dol
incident et n'admettent pas la rescision du contrat entaché
de dol. Les voici 13, 4, D. 19, 1. « *Si venditor dolo*

fecerit, ut rem pluris venderet, puta de artificio mentitus est, aut de peculio, empti cum judicio teneri, ut præstaret emptori. quanto pluris servum emisset, si ita peculiatus esset, vel eo artificio instructus. » 13, 5, D. 19, 1. « *Per contrarium quoque idem Julianus scribit ; cum Terentius victor decessisset, relicto herede fratre suo, et res quasdam ex hereditate, ei instrumenta et mancipia Vellicus quidam subtraxisset, quibus subtractis facile quasi minimo valeret hereditas, ut sibi ea venderetur, persuasit, an venditi julicio teneri possit ? et ait Julianus competere actionem ex vendito in tantum, quanto pluris hereditas valeret ; si hoc res subtractæ non fuissent.* »

A ces textes nous opposons le § 6, tit. 17, liv. 2, des *Sentences* de Paul, « *si ut servum quis pluris venderet, de artificio ejus vel peculio mentitus est, actione ex empto conventus quanto minoris valuisset, emptori præstare compellitur, nisi paratus sit eum redhibere.* »

Et la loi 4, C. 4, 39. « *Qui nondum certus de quantitate hereditatis, persuadente emptore, quasi exiguam quantitatem eam vendidit : bonæ fidei judicio conveniri ut res tradat, vel actiones mandet, non compellitur : nam suo quoque juro eorum persecutionem habet* » qui dans des hypothèses semblables admettent la rescision du contrat. Il ne reste donc des arguments qu'on invoquait contre nous qu'une loi 12, 1, D. 23, 3. Mais nous avons montré combien il serait téméraire d'établir sur ce texte une théorie comme celle que nous combattons.

Entre ces deux systèmes se place un système mixte que

nous repoussons également. Le voici. Quand il y a lieu d'intenter une action de dol ou une *restitutio in integrum*, la rescision du contrat devra être prononcée. Une condamnation à des dommoges-intérêts ne pourrait avoir d'utilité que quand la rescision du contrat est impossible. Elle serait utile aussi, quand la résolution n'indemnise pas complètement la victime du dol, mais ce n'est pas le cas qui nous occupe. Il n'en est plus de même, d'après les partisans de ce système, dans les contrats de bonne foi, qui doivent amener ou non la rescision du contrat selon que le dol est principal ou incident. Nous repoussons ce système par les mêmes raisons que le précédent. A nos yeux les textes sur lesquels on l'établit sont insuffisants à le prouver.

19. — Nous allons essayer de réfuter une autre doctrine qui se rapporte à la force des contrats entachés de dol. Des interprètes ont dit que ces contrats étaient non pas résolubles, mais nuls de plein droit. Cette théorie est logiquement insoutenable et ses partisans l'ont bien compris. Aussi invoquent-ils, pour la soutenir, des textes qu'ils reconnaissent s'être éloignés des principes généraux.

Et d'abord le dol qui vicie le consentement empêche-t-il ce consentement d'exister? Un homme qui a été amené par des manœuvres frauduleuses à faire un contrat n'en a pas moins contracté. Si l'erreur dans laquelle il a été au moment de contracter (nous ne parlons pas ici des cas d'erreur personnelle qui vicient un contrat), n'avait pas été causée par dol, il aurait fait un contrat valable. L'erreur par elle-même n'a donc pas empêché la convention de se former.

Et la preuve c'est que, quelque moyen qu'on emploie pour réprimer le dol, on parle toujours de réparation ou de restitution, même avant l'exécution du contrat, ce qui serait bien inutile si le contrat était nul *ab initio*.

Examinons les textes invoqués par les partisans du système que nous combattons. « *Quod si uterque sciebat, et emptor et venditor domum esse exustam totam, velex parte, nihil actum fuisse, dolo inter utramque partem compensando : et judicio, quod ex bona fide descendit, dolo ex utraque parte veniente, stare non concedente.* » L. 57, 3. D. 18, 1. Nos adversaires concluant des mots *nihil actum fuisse* que le contrat est radicalement nul commettent une erreur profonde. Ces mots indiquent seulement que les deux parties étant de mauvaise foi aucune des deux ne peut agir en justice conformément au principe général que nous avons établi sous le numéro 5. Quant à l'argument tiré des mots : *ipso jure nullius momenti est*, de la loi 3, 3. D. 17, 2, citée sous le numéro 18, il ne porte pas davantage. Ces mots ne signifient pas que le contrat de société entachée de dol est radicalement nul, mais que la société librement formée dans le but de pratiquer des machinations frauduleuses est radicalement nulle.

A la réfutation des arguments de nos adversaires nous pouvons ajouter des arguments directs tirés de textes nombreux et précis. Le contrat entaché de dol existe, et la preuve c'est qu'il engendre une obligation qui est susceptible d'effets civils. Cette obligation peut en effet être novée ; « *doli exceptio quæ poterat deleganti opponi, cessat in*

persona creditoris cui quis delegatus est... » L. 19, D.
46, 2. Elle peut être confirmée par une ratification ; « *item
ipse tutor et emptoris et venditoris officio fungi non potest.
Sedenim si contutorem habeat, cujus auctoritas sufficit,
proculdubio emere potest : sed si mala fide emptio intercesserit, nullius erit momenti : ideoque nec usucapere potest : sed si mala fide emptio intercesserit, nullius erit
momenti : ideoque nec usucapere potest : sane, si suæ
ætatis factus comprobaverit emptionem, contractus valet.* »
L. 5, 2. D. 26, 3. Elle doit être résolue, donc elle existe
11, 5, D. 19, 1. Un texte dit même que la victime du dol
doit choisir entre la validité ou la rescision du contrat.
L. 13, 27, D. 19, 1. « *Si quis colludente procuratore
meo ab eo emerit, an possit agere ex empto* ? *Et puto,
hactenus, ut aut stetur emptioni, aut discedatur.* » D'ailleurs à ces arguments de texte vient se joindre une raison
tirée du mécanisme même du droit romain et qui est, selon
nous, sans réplique. La victime poursuit l'auteur de la
fraude, quand cette fraude se rattache à un contrat de
bonne foi, par l'action même du contrat. Or, cette action
pourrait-elle être intentée si le contrat n'existait pas? Et
pour ce qui est des contrats de droit strict, le dol les rend-
il nuls *ab initio*, ces contrats qui étaient valables dans le
principe et qui l'auraient toujours été, si le préteur n'avait
mis à la disposition de la victime du dol les moyens nécessaires à la répression de la fraude et à la réparation du
préjudice causé?

Devant ces arguments que nous estimons irréfutables,

nous repoussons énergiquement une doctrine contraire aux textes et à la logique, et nous considérons les contrats entachés de dol non comme nuls, mais comme annulables.

CHAPITRE II

DU DOL SE RATTACHANT A L'EXÉCUTION DU CONTRAT.

20. — Nous n'avons étudié jusqu'ici que le dol qui se rattache à la formation du contrat et qui amène l'une des parties à contracter. Il ne faut pas croire cependant qu'une fois le contrat formé le dol devienne impossible. Il se peut en effet, que les manœuvres frauduleuses se produisent dans l'exécution même du contrat valablement formé. Lorsqu'en effet une des parties refuse d'exécuter son obligation ou empêche la partie contractante d'exécuter la sienne, elle se rend coupable de dol. Il en est de même quand elle n'exécute son obligation qu'en partie ou que cette exécution n'est pas en un point quelconque conforme au contrat.

On voit déjà que dans la matière que nous allons développer le mot dol a un sens plus général que dans celle que nous avons précédemment étudiée. Au lieu d'être pris dans le sens de tromperie, de machination qui a pour but de tromper son cocontractant, il embrassera désormais tous les actes volontaires positifs ou négatifs commis dans l'intention de porter préjudice à autrui. Il ne sera plus nécessaire qu'autrui ait été trompé pour qu'il y ait dol, comme c'était nécessaire dans le dol se rattachant à la formation d'un contrat ; il suffira qu'autrui ait souffert d'une faute ou d'une négligence, à condition que cette faute ou cette négligence soit volontaire, et par conséquent que l'obligation n'ait par exemple pas été exécutée. « *Dolo autem facere videtur qui id quod potest restituere, non restituit.* » 8, 9. D. 17. 1. Peu importe pour qu'il y ait dol que cette inexécution du contrat soit ou non dissimulée. Nous l'avons déjà dit ; il y a dol se rattachant à l'exécution du contrat, même quand l'auteur du dol n'a pas cherché à tromper son co-contractant. L'intention de lui porter préjudice est ici le seul élément de la fraude.

La théorie dont nous allons nous occuper touche en bien des points à celle des fautes. Nous l'en séparerons cependant de manière à ne pas élargir outre mesure le cadre de cette étude dans laquelle nous nous contenterons de poser les principes généraux, d'où sont déduites les solutions d'espèces examinées dans les différentes parties des compilations de Justinien et de déterminer la responsabilité du débiteur, qui n'a pas exécuté son obligation, selon qu'il est de bonne ou de mauvaise foi.

21. — Lorsqu'une des parties refuse d'exécuter son obligation, elle est obligée de réparer le préjudice qu'elle cause à l'autre partie par l'inexécution totale ou partielle de la convention. Il est possible que cette inexécution soit le résultat d'une erreur et non de la mauvaise foi. Dans ce cas il n'y a pas dol, l'élément indispensable du dol, l'intention de nuire faisant défaut, et le débiteur en faute, responsable dans une certaine mesure seulement, ne doit réparer

le préjudice causé que dans certaines limites fixées par des lois, que nous n'avons pas à examiner. Que si au préjudice s'ajoute l'intention de nuire le débiteur coupable est pleinement engagé par la non exécution de la convention. « *Illud non probabis, dolum non esse præstandum, si convenerit, nam hæc conventio contra bonam fidem, contraque bonos mores est : et ideo nec sequenda est.* » 1, 7. D. 16, 3. Cette loi nous prouve que la convention elle même ne pouvait pas affranchir de cette responsabilité le débiteur coupable tant était sévère son obligation.

Quel est l'objet de cette obligation et comment doit-on déterminer le *quantum* de la réparation à accorder au créancier non satisfait ? Le débiteur est-il responsable de toutes les suites médiates et immédiates, qu'on pouvait ou qu'on ne pouvait pas prévoir, de l'inexécution de son obligation ? tels sont les points que nous examinerons sous le n° 23.

22. — Le dol du fidéjusseur produit la perte de la chose due. Quel genre de recours aura le créancier ? L'obligation principale étant détruite, l'obligation accessoire l'est également. L'action primitive est donc en droit strict entièrement éteinte. Nous allons étudier les moyens successivement mis par le droit romain à la disposition du créancier dans ce cas spécial.

Dans le premier état du droit le fidéjusseur était entièrement libéré, par voie de conséquence ; il faut cependant tenir compte du pouvoir des censeurs qui devaient *regere mores* et qui dans le cas que nous examinons auraient certainement puni le fidéjusseur coupable.

Dans la seconde phase du droit (préture de Cicéron et de Aquilius Gallus, an 668 de Rome), Aquilius Gallus ayant introduit l'action *de dolo*, cette action fut donnée contre le fidéjusseur coupable de la perte de la chose due. « Si un fidéjusseur a tué l'animal promis, avant qu'il n'y eût demeure du débiteur principal, Neratius Priscus et Julien ont décidé que l'action de dol doit être donnée contre le fidéjusseur parce que l'obligation principale étant éteinte, le fidéjusseur est libéré par voie de conséquence » 19, D. 4, 3, Papinien.

L'action de dol étant un recours extrême, il ne devait être donné aucune action au créancier avant Aquilius Gallus. Ceci est naturel, les Romains n'ayant compris que dans le dernier état du droit la permanence de l'obligation accessoire après l'extinction de l'obligation principale.

Or, quand on est tenu *de dolo*, on est tenu, à certains égards, moins énergiquement que quand on est tenu *ex contractu*, l'action de dol ne durant qu'un an, ne se transmettant pas passivement et ne se donnant que lorsque l'objet de la demande dépasse une certaine valeur fixée par la loi.

Dans la L. 28, 4, D. 46, 3, *in fine*, Africain nous dit qu'on restitue l'action primitive au créancier au moyen de l'*in integrum restitutio*. Martial (32, 5, D. 22, 1) nous dit que plus tard on donna contre le fidéjusseur qui a détruit l'objet de l'obligation une *actio utilis ex stipulatu,* en sous-entendant l'*in integrum restitutio* considérée comme indispensable par Africain.

Enfin dans le dernier état du droit, on arrive à donner dans l'espèce que nous étudions une *actio ex stipulatu directa* contre le fidéjusseur coupable de dol. La différence entre cette solution et la solution précédemment indiquée était l'indice d'un nouveau progrès du droit romain. La L. 95. 1, D. 46, 3 qui contient cette dernière disposition est de Papinien et prouve que ce jurisconsulte avait une opinion autre que celle que la loi 19, D. 4, 3, citée plus haut, aurait pu faire présumer qu'il avait.

Ce sont là les solutions diverses que le droit romain a successivement données de la question que nous examinons. Si la chose eût péri par la faute du créancier, mais après la mise en demeure du débiteur principal, les solutions seraient presque analogues, sauf en ce que l'action eût été donnée contre le débiteur principal, que l'action de dol eût été une action *in factum* et que le débiteur principal eût eu un recours contre le créancier. Mais ces résultats infiniment probables ne peuvent être appuyés sur aucun texte et, ne pouvant suivre dans cette dernière hypothèse les divers développements du droit romain d'une façon certaine, nous nous contentons de les indiquer (M. Accarias à son cours de Pandectes. Du cautionnement, 5 avril 1879).

23. — On doit fixer le montant des dommages-intérêts dus au créancier en se basant sur le préjudice causé, et on doit faire entrer dans l'évaluation de ce préjudice la perte éprouvée et le gain manqué. C'est donc en faisant la diffé-

rence entre la fortune du créancier et ce qui serait cette fortune, si le contrat avait été exécuté, qu'on arrive à la solution de notre question. Mais doit-on dans ces données faire entrer les résultats médiats et éloignés de l'inexécution de l'obligation et en rendre le débiteur responsable? Non; les quelques textes que nous avons sur cette matière ne posent pas à vrai dire de principe général, mais dans les exemples qu'ils nous montrent, ils sous-entendent clairement que le débiteur ne doit réparer que le préjudice causé immédiatement et directement par son dol. C'est là la solution admise en droit français.

Le dol était bien plus sévèrement réprimé que la faute. La gravité autrement grande d'un acte fait avec l'intention de nuire conduisait forcément à ce résultat admis par les jurisconsultes romains.

Le principe admis en cette matière était que la partie en faute devait réparer seulement le dommage qu'on pouvait prévoir, tandis que celle qui était coupable de dol était responsable de toutes les conséquences de l'inexécution de son obligation, que ces conséquences aient pu ou n'aient pas pu être prévues, pourvu qu'elles fussent immédiates et directes. « *Qui sciens quid, aut ignorans vendidit, differentiam facit in condemnatione ex empto; ait (Julianus) enim, qui pecus morbosum, aut tignum vitiosum vendidit, si quidem ignorans fecit, id tantum ex empto actione præstaturum, quanto minoris essem empturus, si id ita esse scissem : si vero sciens reticuit, et emptorem decepit, omnia detrimenta, quæ ex ea emptione emptor traxerit, præstaturum ei : sive igitur ædes vitio tigni corruerunt, ædium æstimationem ; sive pecora contagione morbosi pecoris perierunt, quod interfuit idonee venisse, erit præstandum.* » L. 13, pr. D. 19, 1. Ce texte est une application bien évidente de la distinction dont nous traitons. Dans le même sens, nous pourrions citer bien des textes : L. 8, D. 21, 2. L. 10, même titre ; mais nous aimons mieux nous en tenir à une loi qui, mieux qu'aucune autre, montre la différence que les jurisconsultes romains faisaient entre le dol et la faute. «..... *Aliter atque si saltum pascuum locasti, in quo herba mala nascebatur : hic enim si pecora vel demortua sunt, vel etiam deteriora facta, quod interest præstabitur, si scisti : si ignorasti, pensionem non petes : et ita Servio, Labeoni, Sabino placuit.* » L. 19, 1. D. 19, 2. Sans qu'aucun texte pose donc le principe que nous avons dans nos lois françaises, que le débiteur de bonne foi ne s'engage que dans la limite des conséquences qu'on pouvait prévoir, on voit que ce principe a été admis dans les lois romaines et que le législateur en a fait de fréquentes applications.

En cas d'inexécution de la convention, on voit cependant combien cette absence de lois précises laissait de liberté au juge dans l'appréciation du préjudice causé. Cette latitude était un défaut et on cherchait souvent à s'y soustraire par l'évaluation qu'on faisait de ce préjudice dans le contrat. Cette clause n'avait pour objet que le *quantum* des dommages-intérêts, et nous en trouvons un exemple dans la L. 44, 6, D. 44, 7. « *Sed si navem fieri stipulatus*

sum, et si non feceris, centum : videndum utrum duæ sti-
pulationes sint, pura, et conditionalis, et existens sequen-
tis conditio non tollat priorem ; an vero transferat in se,
et quasi novatio prioris fiat? Quod magis verum est. »
C'est cet objet restreint qui distinguait cette clause de la
stipulation de peine qui ne limitait pas la réparation. Celle-
ci, en dépit de cette stipulation, devait comprendre dans
les contrats de bonne foi tout le préjudice causé même s'il
était supérieur au montant de la stipulation. « *Prædia*
mihi vendidisti, et convenit, ut aliquid facerem : quod si
non fecissem, pænam promisi. Respondit, venditor, ante-
quam pænam ex stipulata petat, ex vendito agere potest :
si consecutus fuerit, quantum pænæ nomine stipulatus
esset, agentem ex stipulatu doli mali exceptio summove-
bit : si ex stipulatu pænam consecutus fueris, ipso jure
ex vendito agere non poteris : nisi in id, quod pluris ejus
interfuerit, id fieri. » 28, D. 19, 1.
Nous avons sur cet objet quelques textes spéciaux qui
fixent d'une manière anormale l'indemnité à accorder à la
victime du dol, mais ces textes ne résolvent pas la difficulté de cette fixation qui a toujours pour unité le *quantum*
du dommage éprouvé. Ce n'est que dans quelques cas
exceptionnels que l'évaluation par le juge est rendue plus
facile par ces lois spéciales. Ainsi le tuteur est tenu de
restituer le double de la valeur de la chose du pupille qu'il
a frauduleusement détournée. « *Considerandum est in hac*
actione, utrum pretium rei tantum duplicetur, an etiam
quod pupilli intersit ? Et magis esse arbitror, in hac

actionne quod interest non venire, sed rei tantum æstima-
tionem, » L. 1, 20, D. 27, 3. Mais le plus souvent il
faut en revenir à estimer le *damnum emergens,* le *lucrum*
cessans et par conséquent laisser au juge son ancien pouvoir
arbitraire et dangereux. C'est ainsi que Justinien, dans
une constitution, décida que lorsque l'objet de l'obligation
du débiteur pouvait être exactement estimé, le montant
de la condamnation ne pouvait être supérieur au double
de l'évaluation de cet objet. Cette disposition ne visait pas
le cas ou l'objet de la prestation avait une valeur impossible à déterminer, comme dans une obligation de faire, et
ne résolvait aucune difficulté, puisqu'elle ne réglait que les
espèces dans lesquelles il n'y avait pas de difficulté et dans
la solution de ces espèces elle avait l'inconvénient d'assimi-
ler le dol et la simple faute.

24. — Lorsque l'évaluation du préjudice causé par
l'inexécution du contrat n'avait pas été faite à l'avance
dans une clause même du contrat elle était fixée par le
demandeur lui-même avec la garantie du serment. Elle ne
pouvait de plus être supérieure à un maximum déterminé
par le juge. C'était là un cas de *juramentum in litem.*
« *Interdum quod intersit agentis, solum æstimatur, veluti*
cum culpa non restituentis, vel non exhibentis punitur :
cum vero dolus, aut contumacia non restituentis, vel non
exhibentis, quanti in litem juraverit actor » L. 1, D.
12, 3. Cette loi s'applique spécialement au cas où le débiteur refuse de restituer ou d'exhiber ce qu'il doit, mais
elle fut étendue par l'usage à toutes les espèces dans lesquelles

l'inexécutiou de l'obligation était due au dol du débiteur. Tout ce que nous disons ici du dol s'applique également à la faute lourde assimilée au dol.

25. — Mais par quelle action le créancier trompé dans son attente obtiendra-t-il la réparation du préjudice causé par l'inexécution du contrat? Cette action variait selon les cas et c'est même là une lacune de la législation romaine. La nature de la convention influait sur le choix de cette action qui dépendait aussi des événements postérieurs au contrat. Quelquefois c'était l'action née du contrat qui devait être intentée ; quelquefois on devait recourir à l'action *de dolo malo*. C'est un exemple de ce cas que nous trouvons dans la l. 9. 4. D. 4. 3, étudiée sous le n° 15. Un esclave est affecté d'un droit de gage. Le maître le sait et en fait l'abandon noxal. Le cessionnaire ne peut recourir contre lui que par l'action de dol. Enfin on avait, et c'était le cas le plus fréquent, la ressource de l'*actio judicati* dont l'application était dans notre matière d'un usage presque constant.

Comme le droit romain n'avait pas dans cette question importante des dommages-intérêts posé de règle générale, nous serions obligés, si nous voulions faire une étude approfondie du dol, d'étudier des textes nombreux ne contenant guère que des espèces particulières. Mais la résolution de ces espèces est généralement la conséquence de principes sous-entendus et ce ne sont que ces principes que nous avons essayé de mettre en lumière dans cet exposé. malheureusement restreint, de l'importante question du dol.

DROIT FRANÇAIS

DES ACTES DE NAISSANCE

INTRODUCTION.

26. — Nous ne voulons pas commencer cette étude sans bien fixer les limites dans lesquelles nous l'enfermerons et sans indiquer les différentes divisions qu'elle comportera.

Voulant exposer les règles spéciales qui régissent les actes de naissance nous aurons à cotoyer constamment celles auxquelles sont soumis les actes de l'état civil en général d'une part, et d'autre part celles qui forment la théorie de la paternité et de la filiation. Nous ne pourrons évidemment ne pas donner des premières un aperçu rapide. Sans cet aperçu, la théorie des actes de naissance serait incohérente et il nous serait même impossible de la mener à bonne fin. Mais nous éviterons, les notions générales données, de revenir sans cesse aux principes qui s'appliquent aux actes de mariage et de décès comme aux actes de naissance, que nous envisagerons à l'exclusion de toute autre matière et nous nous contenterons de renvoyer à ce que nous en aurons déjà dit, ne faisant qu'en tirer ce qui sera propre à l'objet de cette étude.

Ce que nous venons de dire des actes de mariage et de décès, nous le répéterons pour les règles de la paternité et de la filiation. Celles de ces règles qui font partie intégrante de la théorie des actes de naissance, seront discutées par nous. Ainsi nous n'aurions garde d'omettre la question controversée suivante : l'acte de naissance établi conformément à l'article 46 sur de simples témoignages, sans commencement de preuves par écrit, prouve-t-il la filiation comme il prouve la naissance ? Mais nous écarterons avec soin tout ce qui, dans ces différentes parties du droit, ne se rapportera pas directement et immédiatement au sujet que nous traitons.

Cette réserve nous est imposée par l'étendue extrême que prendrait cette étude sommaire, si nous y rattachions toutes les questions qui en sont voisines, sans en faire absolument partie, et par le désir où nous sommes d'en consacrer le commencement à l'historique si intéressant des actes de naissance et la fin à l'exposé des tentatives qu'on a faites pour améliorer certaines des dispositions actuellement en vigueur. De ces considérations découle une division toute naturelle de notre sujet que nous croyons devoir adopter.

Notre premier chapitre sera consacré à l'exposé succinct des règles de l'état civil indispensables au développement des dispositions relatives aux actes de naissance.

Nous traiterons dans notre second chapitre des modes de constatation des naissances qui ont été en usage aux différentes époques de l'histoire, et particulièrement des transformations subies par ces modes de constatation dans notre ancien droit.

Notre troisième chapitre sera divisé en deux paragraphes. Le premier contiendra les règles relatives aux formes des actes de naissance dressés dans les cas normaux et par un officier de l'état civil proprement dit. Dans le second nous nous occuperons des enfants trouvés, des enfants nés en mer, à l'étranger ou à la suite d'une armée et des enfants naturels reconnus postérieurement à leur naissance.

Le quatrième chapitre sera consacré à l'exposition et à la discussion des questions qui se rattachent immédiatement à notre sujet.

Dans un appendice nous grouperons les modifications qu'on a proposé d'apporter à quelques articles du code et nous discuterons le résultat que ces modifications pourraient avoir, tant au point de vue théorique qu'au point de vue pratique. Enfin nous signalerons les améliorations sensibles apportées à la constatation et à l'enregistrement des naissances par l'initiative d'administrateurs éclairés qui ont essayé d'introduire en notre matière tous les perfectionnements compatibles avec les termes du code.

CHAPITRE PREMIER

27. — Le mot *acte*, qui est pris dans différentes acceptions, signifie dans notre espèce, non le fait qui s'est passé, mais l'écrit qui le raconte et qui est destiné à le prouver.

L'*état* est la condition qu'une personne occupe dans la société. De l'état, dépendent la capacité et l'incapacité, et il dépend lui-même d'événements dont les plus importants sont la naissance, le mariage et la mort. Afin que ces événements puissent être facilement prouvés, on a chargé certains officiers publics de les relater dans des procès-verbaux qui constituent les actes de l'état civil.

Afin de faciliter les recherches, on n'inscrit sur le registre de l'état civil proprement dit que les naissances, les reconnaissances, les adoptions, les mariages et les décès. La séparation de corps et l'interdiction sont prouvées par la mention qui en est faite au greffe des tribunaux de première instance. Quant à l'émancipation, elle est constatée au greffe de la justice de paix.

Nous n'insisterons pas sur l'importance des actes de l'état civil. Ils servent à prouver les faits les plus importants de la vie et qui modifient le plus complètement la personalité humaine. En dehors des actes de naissance, ils établissent le mariage et l'époque de sa dissolution, l'incapacité de la femme mariée et son hypothèque légale, la légitimité des enfants, l'ouverture de la succession et le moment à partir duquel on devient incapable d'acquérir des droits, l'incapacité produite par l'interdiction ou la demi-capacité de l'émancipé. On voit de quelle importance sont ces actes dans la vie, et avec quel soin on a dû régler leur rédaction et leur conservation.

28. —. Avant 1789, la loi civile et la loi religieuse étaient intimement unies et l'état civil des personnes se confondait avec leur état religieux. Ce n'étaient pas, à proprement parler, les faits de la naissance, du mariage et du décès qu'on relatait comme les plus utiles à connaître, mais les cérémonies du baptême, du mariage et de l'inhumation. Ce n'est que dans le dernier état de notre ancien droit que le moment de la naissance, du mariage et du baptême était indiqué dans les actes de l'état religieux et le clergé qui était chargé de la rédaction de ces actes, fit même une longue résistance à cette innovation.

Cet état de choses avait un inconvénient. Comme les ministres n'étaient mêlés qu'aux cérémonies concernant les personnes qui appartenaient à leur culte, il y avait des registres spéciaux à chaque religion, et si une religion n'était pas reconnue, ses membres ne pouvaient faire dresser des procès-verbaux prouvant leur état qu'au prix d'une abjuration feinte.

La révolution de 1789 introduisit deux principes nouveaux qui modifièrent complètement notre législation en cette matière. Les lois qui unissaient la loi civile et la loi religieuse furent brisés, et ce fut dès lors un fonctionnaire civil qui fut chargé de la tenue des registres de l'état qui devint civil. La liberté des cultes amena un autre résultat : les mêmes registres servirent à relater l'état civil de tous les Français, quelle que fût leur religion.

29. — Article 34. — « Les actes de l'état civil énonceront l'année, le jour et l'heure où ils seront reçus..... » Ces mentions sont indispensables. Sans elles, en effet, comment prouverait-on que l'acte a été dressé dans le délai légal? Comment déterminerait-on le moment où commence l'incapacité de la femme mariée, etc.?

« ..... Les prénoms, noms, âge, profession et domicile de tous ceux qui y seront dénommés. » L'utilité de ces indications est aussi manifeste que celle des précédentes. Il faut, en effet, qu'on sache qui a participé à l'acte et qu'on le puisse retrouver au besoin.

Article 35. — Les officiers de l'état civil ne pourront rien insérer dans les actes qu'ils recevront, soit par note, soit par énonciation quelconque, que ce qui doit être déclaré par les comparants. » Ne devront donc pas être relatées les énonciations des déclarants autres que celles prescrites par la loi, et les énonciations prescrites par la loi et que les déclarants n'ont par faites.

Sur les autres formalités à remplir dans la rédaction des actes de l'état civil, sur la tenue des registres, sur les mesures prises pour leur conservation et leur publicité, sur les procurations produites dans un acte de l'état civil, nous n'avons rien à ajouter dans cet exposé, forcément très succinct, aux dispositions des articles 38 à 45 du Code civil.

Nous nous occuperons spécialement dans le § 2 de notre chapitre III des actes de naissance des enfants nés à l'étranger et des articles 47 et 48.

Lorsqu'un acte se rattache directement à un acte de l'état civil antérieur, il doit être inscrit dans les registres courants comme le serait un acte ne se rattachant à aucun acte antérieur, et de plus, mention en doit être faite en marge de l'acte primitif. Cette seconde formalité est remplie par l'officier de l'état civil qui reçoit l'acte. Si l'un des deux registres a déjà été déposé au greffe, l'officier de l'état civil avise dans les trois jours de l'indication à ajouter en marge à l'acte antérieur le procureur de la République, qui veille à ce que la mention soit faite d'une manière uniforme sur les deux registres. Article 49.

L'article 49 prévoit deux hypothèses que nous allons examiner :

a. — L'acte postérieur est fait dans la même commune que l'acte auquel il se rattache. Dans ce cas il n'y a pas de difficulté. L'officier de l'état civil l'inscrit à sa date, le mentionne dans la marge de l'acte primitif, et si l'un des originaux est déjà déposé au greffe, avise de cette mention le procureur de la République, qui veille à ce qu'elle soit identiquement répétée sur l'original déposé au greffe.

b. — L'acte postérieur est fait dans une commune autre que celle dans laquelle a été fait l'acte primitif. Ici l'officier de l'état civil n'a plus qu'à inscrire à sa date l'acte postérieur, et à faire parvenir au procureur de la République près le tribunal dans le ressort duquel l'acte primitif a été inscrit, les renseignements nécessaires à la mention à ajouter en marge à l'acte primitif. Le procureur de la République veille à ce que l'officier de l'état civil seul, s'il est encore détenteur des deux originaux, l'officier de l'état civil et le greffier, si celui-ci est déjà nanti d'un des registres, fassent mention du nouvel acte en marge de l'ancien.

Les cas de négligence dans la rédaction des actes de l'état civil et d'altération de leur contenu sont prévus et punis par les articles 50 à 54 du Code civil et par les articles 145-148 et 192 du Code pénal.

30. — L'article 45, après avoir établi le principe de la publicité des registres de l'état civil, parle des extraits de ces registres et fixe leur force probante. Les registres eux-mêmes, en tant qu'authentiques, font foi jusqu'à inscription de faux, au moins quant aux faits qui doivent y être relatés et que l'officier de l'état civil affirme avoir vus et entendus. Quant aux extraits, délivrés, conformes aux registres et légalisés par le président du tribunal de première instance ou par le juge qui le remplace, ils font foi jusqu'à inscription de faux. Article 45 et loi du 2 mai 1861.

Deux controverses ont été soulevées à propos de cet article 45. Nous n'allons que les indiquer.

On a dit que les faits racontés par les déclarants devaient faire foi jusqu'à inscription de faux, en se basant sur l'article 56, qui leur donne officiellement la mission de raconter certains événements à l'officier de l'état civil ; mais cette opinion est contraire aux textes des articles 145, 146, 345 Code pénal. Les deux premiers de ces articles prévoient le cas de fraude commise par l'officier de l'état civil et qualifient cette fraude de faux, le troisième punit la déclaration mensongère des déclarants en l'assimilant seulement à un faux témoignage. On voit quelle différence existe entre l'obligation dont sont tenus les déclarants et celle dont est tenu l'officier de l'état civil, et par conséquent la différence qui existe entre leurs missions, dont l'une est officielle et dont l'autre ne l'est pas. Il n'y a donc rien d'étonnant à ce que l'affirmation de l'un ait une force probante refusée à l'affirmation des autres.

Voici le second point discuté : *les extraits délivrés conformes aux registres*, dit la loi,... *feront foi jusqu'à inscription de faux*. M. Duranton a conclu de ces termes qu'on pouvait toujours exiger la preuve de la conformité de ces registres et de leurs extraits, et dès lors toujours exiger la représentation et le transport dangereux des registres. Nous combattons cette interprétation de l'article 45. Pour nous, l'extrait délivré par le dépositaire du registre, et certifié par lui conforme à l'original, fait, pourvu que les autres conditions de l'article 45 soient remplies, preuve jusqu'à inscription de faux. Si cette théorie diffère de celle qui a été admise en matière d'actes notariés, c'est que la force des choses même s'oppose à ce que les règles soient les mêmes dans ces deux cas ; tandis que l'acte notarié est détaché et peut être conservé au moyen d'une copie qui,

autorisée par le tribunal, en cas de perte de l'original, a
la même force probante que l'original, l'acte de l'état civil
fait partie d'un registre dont la destruction, rendue à
craindre dans un transport, aurait des conséquences désas-
treuses et souvent irréparables.

31. — Les actes de l'état civil peuvent faire défaut soit
qu'ils n'aient pas été ou qu'ils n'aient été qu'incomplète-
ment tenus, soit qu'ils aient été perdus. Comment prouver
alors les naissances, les mariages et les décès? Dans notre
question il y a deux faits à prouver ; la non-existence des
registres et l'événement qu'ils étaient destinés à prouver.
Ces faits sont bien distincts, doivent être prouvés successivement et selon des règles différentes.

Ce n'est que lorsque la preuve du premier est établie
que celle du second devient admisible. La preuve du premier peut être faite de toutes sortes de moyens et résulter
même du simple témoignage. Une fois faite, elle permet
l'admission de la preuve du fait lui-même, qu'on a intérêt
à prouver. Celui-ci, dit l'article 46, peut être prouvé tant
par les papiers émanés des pères et mères décédés, que
par témoins. Le tribunal a en cette matière un certain pouvoir discrétionnaire. Il peut exiger l'un ou l'autre de ces
modes de preuve ou leur cumul. Il peut même en cas de
cumul considérer l'ensemble comme insuffisant et rejeter la
demande.

Quand il s'agit d'un mariage ou d'un décès il n'y a pas
de difficulté possible ; mais quand il s'agit d'un acte de
naissance une difficulté se présente. La preuve du fait de

la naissance implique celle de la filiation. Or cette dernière est soumise à des règles spéciales, autres que celles de l'article 46. Est-elle faite quand la naissance a été prouvée conformément à l'article 46 ? La question est controversée. Nous l'examinerons au chapitre IV.

32. — Nous avons plusieurs fois parlé dans ces préliminaires des officiers de l'état civil, sans indiquer quels fonctionnaires ont été ou sont chargés de tenir les registres. Nous allons combler cette lacune.

Avant la révolution c'était le clergé qui était chargé de ce soin ; mais la séparation de la loi civile et de la loi religieuse eut pour effet de le leur retirer et de le donner à des fonctionnaires purement civils.

Dans chaque commune le maire et les adjoints sont chargés de la tenue des registres de l'état civil. Mais ce n'est pas à leur qualité d'administrateurs qu'ils doivent cette prérogative ; c'est comme officiers de police judiciaire qu'ils en jouissent. Ils dépendent comme administrateurs du préfet ; comme officiers de l'état civil, ils sont les subordonnés du procureur de la République. Enfin avant que le décret du 19 septembre 1870 n'abrogeât l'article 75 de la constitution du 22 frimaire an VIII, ils ne pouvaient pas être poursuivis en justice pour faits relatifs à leurs fonctions administratives sans l'autorisation du gouvernement, donnée sous forme d'une décision du Conseil d'État, tandis qu'ils pouvaient être poursuivis sans autorisation, comme officiers de police judiciaire.

Indépendemment des officiers de l'état civil d'autres per-

sonnes prennent part à la confection des actes de l'état civil. Ce sont :

a. — *Les parties*. Celles-ci sont les futurs époux, dont
on va célébrer le mariage, le père de l'enfant dont on veut
faire constater la naissance, les plus proches parents de la
personne décédée. La présence des parties n'est expressément exigée que dans le cas de divorce (art. 294). Elle est
cependant implicitement supposée par l'article 75 qui ordonne en cas de mariage à l'officier de l'état civil de lire
certaines pièces aux futurs conjoints au moment de la célébration. Enfin elle est inutile dans les cas de naissance et
de décès. Seulement si les parties comparaissent elles ne
peuvent le faire qu'en personne ou par un mandataire muni
d'une procuration spéciale et authentique.

b. — *Les déclarants*. Dans les actes de naissance, la
personne qui déclare à l'officier public le fait dont elle est
instruite n'a besoin de remplir aucune des conditions exigées chez les témoins. Ce peut être une femme et même
un mineur. Ce peut être aussi le père de l'enfant dont on
a à constater la naissance.

Quand il s'agit d'un décès, les témoins remplissent eux-
mêmes l'office de déclarants. Enfin en cas de mariage
ou de divorce, il n'y a pas de déclarants.

c. — *Les témoins*. Les affirmations de déclarants sont
confirmées par les témoins qui dans les actes de naissance
concourent avec le déclarant et l'officier public à la formation de l'acte. Les témoins certifient de plus l'identité du

déclarant et par leur présence rendent plus difficile la fraude possible de l'officier public.

Il faut deux témoins dans les actes de naissance et de décès, il en faut quatre dans les actes de mariage, et trois dans les actes de décès des militaires décédés hors du territoire français.

Les témoins sont choisis par les parties. Ils doivent être du sexe masculin et âgés de vingt-un ans.

Contrairement à ce qui a lieu dans les actes notariés, dans les actes de l'état civil les témoins peuvent être parents des parties. Cette disposition est conforme à la nature des choses. Il peut en effet se faire que la participation du parent d'une partie dans un acte nuise à l'autre partie, car souvent entre le témoin et le contractant, son parent, il y aura une communauté d'intérêts qui annihilera l'impartialité du témoin. Il n'en est plus de même en matière d'actes de l'état civil. Le témoin se contente d'y affirmer un fait qui, s'il est parent de la partie intéressée, lui causera ou pourra lui causer souvent un préjudice. Ce fait sera en effet la naissance d'un enfant qui lui enlèvera des droits de succession, un mariage qui crééra des droits contraires aux siens. Comment dès lors suspecter une affirmation contraire aux intérêts de celui qui la fait ?

La loi nous semble plus sujette à des critiques quand elle permet de choisir les témoins parmi les parents de l'officier public. Il est à craindre qu'ils ne corroborent pas suffisamment son témoignage, qu'ils ne s'opposent pas avec assez d'énergie à ses fraudes, s'ils sont unis à lui par des liens de famille. De plus, si un acte frauduleux a été commis, il est probable que craignant de jeter le déshonneur sur leur famille, ou retenus par leur affection pour le fonctionnaire coupable, ils feront ce qu'ils pourront pour cacher la faute commise et pour empêcher par suite la réparation du préjudice causé. Aussi eût-il été préférable d'exclure les parents de l'officier de l'état civil des personnes parmi lesquelles les témoins de l'acte peuvent être choisis.

CHAPITRE II

33. — Le fait de la naissance est tellement important et, en ajoutant un nouveau membre à la société, touche de si près aux intérêts du pays, que dès la plus haute antiquité nous le voyons entouré de formalités spéciales, qui indépendamment de leur caractère religieux, avaient pour but la protection des intérêts de l'individu, de la famille ou de la société.

Nous ne remonterons pas aux usages des Égyptiens et des Juifs qui étaient inspirés par l'idée religieuse et par des considérations d'hygiène plutôt que par le désir de la constitution d'un état civil, et nous ne nous arrêterons qu'à ceux qui ont un rapport direct avec la constatation même du fait de la naissance.

Quelques jours après la naissance de leurs enfants, les Grecs assemblaient leur famille pour lui présenter le nouveau-né, à qui on donnait un nom, au milieu de fêtes qui se renouvelaient au moment des relevailles. Ce nom était généralement celui de l'aïeul paternel. C'est alors que l'état intervenait. Dans la fête des Apaturies qui suivait la naissance (elle avait lieu en octobre et durait trois jours) on inscrivait l'enfant dans une des Curies. Si cette formalité n'avait pas été remplie après la naissance, elle devait l'être après la troisième ou la quatrième année. Si enfin on l'avait négligée à ce moment, ce qui devait être évidemment fort rare, on pouvait procéder à l'inscription pendant les fêtes qui suivaient le moment où l'enfant avait atteint sa septième année. C'était là une organisation primitive mais bien caractérisée, de l'état civil (*Voyage du jeune Anachasis,* chap. XXVI).

A Sparte la naissance était constatée d'une façon plus régulière et dès qu'elle avait eu lieu. L'enfant était porté devant le conseil des anciens qui selon qu'il était bien ou mal conformé décidait qu'il vivrait ou qu'il serait tué. Dans le premier cas on le remettait à la famille qui, dès qu'il avait atteint l'âge de sept ans, le restituait à la République, qui se chargeait alors de son éducation (*voyage du jeune Anacharsis* chap. XLVII). Cette restitution supposait qu'on avait inscrit la naissance, car autrement le moment où elle devait avoir lieu eût été bien incertain. Nous n'avons cependant aucune donnée sur cette inscription ; mais elle ne saurait pour nous faire l'ombre d'un doute et elle devait constituer un mode de constatation des naissances autrement régulier que le mode adopté à Athènes, précisément parce qu'elle avait lieu immédiatement après la naissance, tandis que l'inscription pouvait à Athènes, être reportée jusqu'après la septième année.

Indépandemment de ces modes civils de preuves, il y en avait un qui résultai de la déclaration religieuse de la naissance faite à la phratrie. Mais comme le délai dans lequel elle devait avoir lieu n'était pas fixé, et que la présentation de l'enfant n'était pas obligatoire, la preuve qui en résultait était bien incertaine et bien précaire.

34. — Chez les Romains les naissances constatées d'une façon rudimentaire au début virent leur mode de preuve s'améliorer successivement et arriver sous Marc-Aurèle à un certain degré de perfection. D'abord l'inscription que fait le père sur ses registres de famille de la naissance de ses enfants ou les lettres qu'il envoie à la mère et dans lesquelles il constate cette naissance sont les seuls modes de preuve. Le huitième jour de la naissance s'il s'agit d'une fille, le neuvième jour s'il s'agit d'un garçon, on purifie (*lustrare*) le nouveau-né et en présence de la famille assemblée on lui donne un nom. Ce jour est le jour *lustrique*, ceux qui le précèdent sont les jours *primordiaux*. Mais ces différentes formalités ou cérémonies ne constituent que des moyens de preuve imparfaits, car le fait à enregistrer est confié à la mémoire ou à des papiers privés qui, quelle que fût à Rome la confiance par eux inspirée, ne pouvaient avoir une force probante égale à celle attachée à des registres publics.

Les défectuosités de cette organisation furent bientôt senties et dès Servius Tullius il fut tenu des registres sur lesquels on mentionnait les naissances et les décès. Mais ces prescriptions tombèrent vite en désuétude et on ne voit reparaître l'action de l'état en notre matière que sous Auguste. Alors, dès que le nom avait été donné à l'enfant, on devait le faire inscrire sur des registres publics. Ces registres étaient déposés au *tabularium* public qui était placé sous la protection de Saturne (Loir. De l'état civil des nouveau-nés p. 7 et 8). Les noms sous lesquels les enfants étaient inscrits étaient ceux de leur père ou de leur mère ou des diminutifs de ces noms auxquels on adjoignait pour les puinés un nom indiquant l'ordre de leur naissance. Cette organisation présentait à côté d'un assez grand degré de perfection un inconvénient : les grandes familles seules faisaient ainsi inscrire leurs enfants. C'était là une lacune grave. L'honneur de la combler revint à Marc-Aurèle.

Voici les termes dans lesquels Julius Capitolinus nous parle de l'édit de cet empereur : « *Liberales ita munivit, ut primus juberet apud præfectum ærarii Saturnini unumquemque civium natos liberos profiteri intra trigesimum diem, nomine interposito. Per provincias tabulariorum publicorum usum instituit, apud quos idem de originibus fecit quod Romæ apud præfectum ærarii.* «

Le but de l'édit fut la protection à accorder aux hommes libres. L'inscription avait lieu sur la simple déclaration du père, car on ne parle pas de présentation de l'enfant à l'officier public chargé de la tenue des registres. Le délai de trente jours courait du moment de la naissance. Les magistratures nécessaires dans les provinces à l'exécution de l'édit étaient créées ; enfin, et c'est peut-être là le point le plus important, tout homme libre, quelle que fût sa classe, était obligé de faire la déclaration de la naissance de ses enfants.

L'opinion de Berriat Saint-Prix sur l'exécution de cet édit est facile à défendre en présence de deux textes du Digeste et nous la soutenons vivement. Ce savant croit que l'édit de Marc-Aurèle ne fut jamais exécuté avec soin, que les déclarations des pères de famille n'étaient demandées qu'à titre de simple renseignement et dans un intérêt de pure statistique. La connaissance exacte des forces de l'Empire eût été dans ce système le seul but de cette réglementation de Marc-Aurèle. Nous admettons cette opinion.

Imperatores Antonius et Verus Augusti Claudio Apollinari rescripserunt, in hæc verba : Probationes quæ de filiis dantur, non in sola adfirmatione consistunt : sed et epistolas, quæ uxoribus missæ allegarentur ; si de fide earum constitit, nonnullam vicem instrumentorum obtinere decretum est. › L. 29, D. 22, 3. Cette loi nous fournit un argument topique en faveur du système que nous soutenons. Elle eut pour effet d'empêcher la preuve testimoniale de la filiation. Mais si la preuve testimoniale était écartée de notre matière elle était remplacée par un autre mode de preuve, car on ne pouvait pas n'avoir organisé aucun moyen de preuve pour un fait aussi important que la filiation. Et ce moyen quel était-il ? Celui qui résultait de l'édit lui-même et des registres dont la tenue était prescrite ? Non. Il consistait dans les lettres reçues par la mère. Pour nous ce raisonnement est sans réplique.

Il est d'ailleurs confirmé par la L. 9. C. 5. 4 : « *Si vicinis, vel aliis scientibus, uxorem liberorum procreandorum causa domi habuisti, et ex eo matrimonio filia suscepta est : quamvis neque nuptiales tabulæ, neque ad natam filiam pertinentes factæ sunt, non ideo minus veritas matrimonii, ant susceptæ filiæ, suam habet potestatem.* »

Cette constitution est de Probus. Elle rend au témoignage seul, en fait de filiation, toute sa force probante.

N'est-ce pas là la meilleure preuve de l'inutilité de la réforme de Marc-Aurèle ?

35. — Cette tentative d'organisation fut emportée par la tourmente qui fit disparaître l'empire romain. Avec le pouvoir central fortement organisé qui avait été un des traits saillants de la civilisation latine s'évanouirent les institutions qui en étaient nées et les barbares laissèrent à chaque famille le soin de veiller à ce que l'état affaibli ne pouvait plus diriger. C'est ainsi qu'à l'état civil fut substituée la constatation privée des naissances. Nous n'avons pas de renseignements sur cette époque troublée et nous ignorons si cette constatation était réglementée et quels étaient les modes de preuves. Il est a peu près certain que tout était laissé aux soins des particuliers, dont la négligence pouvait avoir des suites fâcheuses, mais n'était réprimée par aucune disposition.

A cet état de choses en succéda un qui, quoique bien défectueux encore, apporta une amélioration notable dans notre matière. Chaque fois que le nouveau-né appartient à une famille professant une religion librement exercée, la naissance est suivie d'une cérémonie. Cette cérémonie indiquée sur un registre par le ministre qui y avait présidé pouvait tenir lieu d'état civil. C'est ce qui eut lieu. Les

registres tenus par le clergé furent au moins au début mal
tenus et uniquement destinés à indiquer des perceptions de
taxe et à assurer l'exécution du droit canon et des autres
lois religieuses,

Ils n'indiquaient même pas la date de la naissance ou
du décès, se contentant de celle du baptême et de l'inhumation. Enfin, en cas de contestation en justice de l'état
d'une personne, ils ne prouvaient rien et on recourait, en
dépit de leur existence, à la preuve testimoniale.

C'est là la première période de l'état religieux. Ainsi organisé, il n'était que d'une utilité bien faible, mais c'était
le premier germe de notre état civil actuel et c'est là son
mérite.

Chaque religion devait avoir ses registres, mais les religions se réduisaient alors dans notre monde au christianisme et au judaïsme ; aussi les registres ne contenaient-ils
que la mention du baptême et de la circoncision. Ce système avait un vice capital ; les religions reconnues avaient
seules des registres et les personnes qui professaient d'autres cultes étaient privées d'état. C'est ce qui a d'ailleurs
encore lieu dans quelques pays qui laissent au clergé le soin
de tenir les registres d'état et qui ont une religion unique.

A cette période pendant laquelle les registres ne faisaient
aucune foi en justice en succéda une qui fut une transition
entre le moyen-âge et le droit actuel. François Ier par l'ordonnance de Villers-Cotterets, institua l'état civil, au moins
dans deux cas spéciaux et amena une série d'améliorations
qui tendirent à la généralisation de cette mesure.

L'ordonnance de Villers-Cotterets (août 1539) donna force probante aux registres tenus par le clergé. Ils firent désormais pleine foi en justice ; seulement un officier de l'ordre civil prit part à leur tenue. Le clergé résista avec obstination à ce qu'il considérait comme une atteinte à ses droits. De nombreuses ordonnances entamèrent ses prérogatives en cette matière et enfin la loi du 20 septembre 1792 organisa le mode de constatation de l'état civil à peu près sur les bases où nous le voyons aujourd'hui.

Reprenons en détail cette intéressante étude historique.

36. — Dès les premiers temps de l'Eglise, les prêtres inscrivirent le nom des personnes qui recevaient le baptême, ainsi que celui de leur parrain. Nous avons là-dessus le témoignage de aints Grégoire de Nysse et de saint Augustin. Ils vivaient tous les deux au quatrième siècle et parlent de cette coutume comme d'une coutume ancienne, bien antérieure à leur époque. L'importance de cet enregistrement des baptêmes était très grande au point de vue religieux. Il s'agissait, en effet, d'un sacrement qu'on ne pouvait administrer qu'une fois et il fallait garder un souvenir précis des personnes qui l'avaient déjà reçu. Cette importance devint bientôt très grande aussi au point de vue civil. La nécessité de baptiser l'enfant dès sa naissance faisait en effet que le certificat de baptême indiquait d'une façon très approchée la date de la naissance. C'est cette utilité qui inspira évidemment les mesures prises pour régulariser la tenue des registres d'inscription des baptêmes, et assurer leur conservation. Certaines indications furent exigées et

chaque année le registre des baptêmes dut être remis à l'évêque, *qui fideliter asservandum curabit*. Cette obligation est mentionnée dans les actes de l'Église de Milan, *de his quæ pertinent ad sacramentum baptismi*, lib. 2, et elle assurait d'une façon efficace la conservation de ces registres.

Il y avait pourtant bien des progrès à accomplir. Les indications contenues dans les registres étaient insuffisantes. Ainsi la date de la naissance ne se trouvait pas dans les actes de baptême. Il en était de même du lieu de la naissance. Une réforme était urgente ; François Ier l'accomplit par l'ordonnance de Villers-Cotterets.

37. — Ce fut une circonstance accidentelle que produisit l'ordonnance de Villers-Cotterets. Avant Louis XI et sous l'Empire de la pragmatique sanction, les évêques étaient nommés à l'élection. Ce mode de nomination rencontra de toutes parts une opposition très vive et il finit par être suspendu par Louis XI. François Ier consacra en droit ce qui était déjà entré dans le domaine des faits et introduisit un nouveau mode de nomination des évêques. Il présentait au pape un candidat que le pape nommait. Il en fut de même pour tous les ecclésiastiques ayant un bénéfice, un collége ou un monastère et cet ordre de choses fut confirmé par un concordat. Un article de ce concordat réservait cependant au pape une faculté particulière ; si le roi ne présentait pas de candidat, le pape sans attendre, pouvait nommer qui il voulait, c'était le *droit de prévention*. Ce droit donna lieu à de nombreux abus. Quand un ecclésiastique pourvu d'un

bénéfice était dangereusement malade, il était entouré des créatures de celui qui convoitait ce bénéfice. Ces affidés, dès qu'il était mort, prévenaient leur patron qui envoyait un courrier à ses protecteurs auprès de la Cour de Rome et essayait de se faire nommer par le pape, avant que le roi n'eût pu présenter son candidat, car la mort du bénéficiaire était tenue secrète, aussi longtemps que possible, par les gens qui l'entouraient. C'était en fait la suppression du droit qu'avait le roi de choisir les titulaires des bénéfices. Voici comment François Ier mit fin à ses abus : Il ordonna que les registres des baptêmes et des inhumations, au moins quant aux décès des ecclésiastiques bénéficiaires, fissent foi en justice, continssent certaines indications, fussent corroborés par l'intervention d'un officier de l'ordre civil et, afin d'assurer leur conservation, fussent déposés chez un magistrat. Voici d'ailleurs les termes de l'ordonnance de Villers-Cotterets quant à ce qui nous concerne.

Art. 51. « Aussi sera fait registre en forme de preuve des baptêmes, qui contiendront le temps et l'heure de la nativité, et par l'extrait dudit registre se pourra prouver le temps de la majorité ou minorité et sera pleine foi à cette fin. »

La réforme s'élargit invinciblement : il ne s'agit plus seulement de connaître le moment exact de la mort d'un ecclésiastique pourvu d'un bénéfice, c'est l'organisation de l'état civil qui apparaît tout entière dans cette obligation si simple de l'indication de la date de la naissance dans le registre des baptêmes. Ce registre cesse ainsi d'être pure-

ment religieux. Il n'est plus exclusivement affecté aux cérémonies du culte ou à l'inscription des taxes perçues à leur
occasion. Le baptême n'est plus sa cause unique, la preuve
du baptême son seul but. La constatation du fait de la
naissance, qui est de l'ordre matériel, la preuve du temps
de la majorité et de la minorité entrent enfin en ligne de
compte. L'importance de ces éléments nouveaux est enfin
prise en considération. Et ce qui donne une grande portée
pratique à ces innovations, c'est que désormais ces registres
peuvent faire foi en justice. Ce n'est plus au point de vue
religieux seul qu'ils ont force probante ; ils font preuve
complète devant la justice civile, dans un débat civil. Cette
force authentique qui leur est ainsi accordée est peut-être le
trait le plus caractéristique de l'innovation que nous
étudions. C'est bien à partir de ce moment que l'état civil
a été organisé en France.

Une autre particularité à noter c'est que la représentation du registre est inutile..... et par l'extrait dudit registre... porte l'ordonnance. C'est déjà le système admis dans
notre droit actuel.

Nous renvoyons à l'article 45, étudié sous le n° 30,
pour la comparaison du texte de François Ier et de celui
du code civil. Les termes sont presque identiques, les prescriptions de la loi sont les mêmes.

A_RT. 52. — « Et afin qu'il n'y ait faute aux dits registres, il est ordonné qu'ils seront signés d'un notaire
avec celui des dits chapitres et couvents et avec le curé ou
vicaire général respectivement, et chacun en regard, qui

seront tenus de ce faire, sous peines des dommages et intérêts des parties, et de grosses amendes envers nous. »

Ici encore l'autorité royale se fait sentir plus fortement
qu'auparavant. Après avoir donné des effets civils aux
registres tenus par le clergé, elle veut que la société qui est
intéressée à la tenue de ces registres joue un rôle dans leur
rédaction et elle confie à une officier de l'ordre civil le soin
de coopérer à la constatation des naissances. Un notaire
devait signer les registres. Cette intervention que le clergé
regarda comme une atteinte à des droits consacrés, ne fut
pas admise sans résistance. L'ordonnance d'ailleurs ne
reçut d'abord qu'une exécution imparfaite, que nous étudierons plus tard, et cette disposition ne contribua pas
peu au mauvais vouloir qu'elle rencontra auprès de bien
des gens.

Art. 53. — « Et les dits chapitres, couvents et cures
seront tenus mettre les dits registres par chacun an par
devers le greffe du prochain siège du baillif ou sénéchal
royal pour y rester fidélement gardés, et y avoir recours,
quand mestier et besoin sera. »

Cet article n'a plus trait aux indications à introduire
dans l'acte et à la tenue des registres ; c'est à la conservation de ces registres qu'il se rapporte. Le gouvernement
devait présider dans l'esprit de l'ordonnance à la garde de
documents qu'intéressaient la société entière. Ce n'était
plus aux curés, ni aux évêques que devaient être confiés
les registres où étaient relatées les naissances. Ils devaient
être remis chaque année au baillage ou à la sénéchaussée

qui offrait des garanties qu'on aurait en vain cherchées ailleurs. D'ailleurs le greffier à qui ils étaient spécialement confiés était particulièrement apte à les communiquer et à en donner des extraits, que la force des choses devait faire fréquemment demander, et que la nouvelle réglementation pouvait permettre d'exiger.

38. — Le but qu'on avait poursuivi en faisant cette ordonnance limitait forcément la sphère des réformes. Nous avons indiqué l'abus qui se produisait à presque toutes les vacances de bénéfices. L'autorité royale pour y mettre fin, avait voulu que la mort de tous les bénéficiaires fût rapidement enregistrée. L'obligation de rendre publique cette mort permettait au roi de présenter dans un laps de temps très court son candidat à la vacance, coupait court aux compétitions secrètes et empêchait la papauté de porter atteinte, par l'usage du droit de prévention, aux prérogatives royales.

La réforme introduite pour le décès des bénéficiaires le fut tout naturellement pour les naissances. La preuve d'un événement aussi important était en effet si utile, la détermination précise du moment où il s'est produit était si importante dans tant de circonstances, qu'on appliqua aux naissances les améliorations introduites pour un cas spécial des décès. Malheureusement on ne les étendit ni aux mariages, ni aux décès en général. Le point de vue restreint où on s'était placé subsistait toujours. On n'avait réformé que ce qu'il était strictement indispensable ou absolument utile de réformer.

Nous n'avons pas cité les articles de l'ordonnance qui organisaient la constatation des décès des bénéficiaires. Leur analyse sortirait en effet des limites que nous avons tracées à cette étude.

39. — Telle qu'elle était, l'ordonnance de Villers-Cotterets constituait une organisation assez parfaite de l'état civil. La tenue des registres, leur conservation offraient des garanties suffisantes pour que de nouvelles améliorations ne fussent pas immédiatement indispensables. Malheusement les prescriptions royales se butèrent à une résistance générale et restèrent à peu près à l'état de lettre morte.

a. — Le clergé se considéra comme lésé par le nouvel état de choses et choqué de ce que le pouvoir civil réglementait une matière qu'il regardait et qu'il avait toujours regardée comme sienne, il refusa d'obéir. Malgré les dommages-intérêts et l'amende édictés par l'article 52 de l'ordonnance contre les contraventions à ses ordres, la signature du notaire ne fut presque jamais ajoutée aux actes de naissance, dont la rédaction resta l'œuvre exclusive du clergé, et l'intervention d'un officier public finit même par tomber complètement en désuétude.

b. — Une prescription de François Ier rencontra de la part des curés et desservants une opposition encore plus forte et plus prolongée que celle que nous venons de citer ; c'est celle qui avait pour objet le transfert des registres de l'année écoulée au greffe du baillage ou de la sénéchaussée. Pendant quarante ans, de août 1539 à mai 1579, elle fut totalement négligée. Henri III voulut la remettre en vigueur en même temps que l'ensemble de l'ordonnance, qui était bien oubliée. Ce fut l'un des objets de l'ordonnance de Blois (mai 1579), dont nous détachons le passage suivant qui se rapporte à notre sujet : « Pour éviter les preuves par témoins que l'on est souvent contraint de faire en justice touchant les naissances, mariages, morts et enterrements de personnes, enjoignons à nos greffiers en chef de poursuivre par chacun an tous curés ou leurs vicaires du ressort de leurs sièges d'apporter dedans deux mois, après la fin de chacune année, les registres des baptêmes, mariages et sépultures de leurs paroisses faits en icelle année ; lesquels registres les dits curés en personne ou par procureur spécialement fondé affirmeront judiciairement contenir vérité ; autrement, et à faute de ce faire par les dits curés ou leurs vicaires, ils seront condamnés ès dépens de la poursuite faite contre eux, et néanmoins contraints par saisie de leur temporel d'y satisfaire et obéir ; et seront tenus les dits greffiers de garder soigneusement les dits registres pour y avoir recours et en délivrer extraits aux parties qui le requerront. » Nous n'avons pas voulu tronquer un document de cette importance. De ces termes il ressort que l'obligation de dépôt était plus énergique que celle qui était spécifiée dans l'ordonnance de 1539. Ce n'était plus dans une durée indéterminée que le transfert au greffe des registres de l'année écoulée devait avoir lieu ; il devait s'effectuer dans les deux premiers mois de la nouvelle année. De plus on spécifiait la personne qui devait requérir la remise des registres. C'était au greffier à la réclamer aux curés ou vicaires. La sanction était autrement complète que dans le texte de François Ier. Enfin (nous ne faisons que signaler ce point, le plus important de tous, mais qui reste en dehors de notre sujet) la réforme introduite par l'ordonnance de Villers-Cotterets était étendue à tous les décès et aux mariages.

Malgré sa sanction l'ordonnance de Blois tomba bien vite dans un oubli aussi complet que celle de 1539. Les successeurs de Henri III ne firent rien pour l'en tirer et ce n'est qu'en 1667 qu'on songea, sans trop de succès d'ailleurs, à la remettre en vigueur.

c. — L'exécution de l'un des articles de l'ordonnance de 1539 était si facile et si utile à la fois qu'elle aurait dû s'imposer d'elle-même et surmonter les répugnances du clergé. Il n'en fut pourtant pas ainsi. Les actes de baptême continuèrent à ne pas mentionner le temps et l'heure de la nativité. Cette indication si importante fit défaut jusqu'à une ordonnance de Louis XIV.

40. — L'ordonnance de 1667 sur la procédure civile renouvela les prescriptions anciennes et en édicta de nouvelles. Désormais les registres durent être tenus en double. L'un des exemplaires, en forme de minute, devait rester entre les mains du curé ou du vicaire ; l'autre, en forme de grosse, devait être déposé au greffe du juge royal. « Ces deux registres devaient être fournis annuellement aux frais de la fabrique avant le dernier décembre de chaque année, pour commencer d'y enregistrer par le curé ou vicaire les baptêmes,

mariages et sépultures, depuis le premier janvier en suivant jusqu'au dernier décembre inclusivement. » (titre 20, art. 7). Les feuillets du registre devaient être cotés et paraphés par le juge royal du lieu où l'église était située. C'est là, de même que l'obligation du double original, une innovation de l'ordonnance de 1667. Le législateur tendait au perfectionnement, malheureusement spéculatif, du mode de constatation des naissances, des mariages et des décès. Il introduisait des garanties nouvelles de sincérité et de conservation des registres ; mais il ne pouvait faire exécuter les règles nouvelles et l'ordonnance de Louis XIV ne fut pas plus obéie que les précédentes.

Il est cependant un point sur lequel on se conforma à ses ordres. Son article 9 était ainsi conçu : « dans l'article des baptêmes sera fait mention du jour de la naissance et..... » C'était la reproduction de l'article 51 de l'ordonnance de Villers-Cotterets. Cette règle si simple et qui ne figurait d'ailleurs pas dans l'ordonnance de Blois, n'avait jamais été régulièrement exécutée et comme il pouvait se faire que la cérémonie du baptême ne suivît que de très loin le moment de la naissance, le témoignage du registre n'avait qu'une faible partie de la portée et de l'utilité qu'il aurait pu avoir. Depuis 1667 la mention du jour de la naissance fut faite assez régulièrement.

Ce même article 9 disait : « et seront nommés l'enfant, le père et la mère, le parrain et la marraine... » Il s'agissait en effet d'établir non seulement la naissance mais encore la filiation. C'était dans ce but qu'avait été admise cette règle. Enfin faisons remarquer que la mention des noms du parrain et de la marraine avait son utilité, même au point de vue civil. Ces personnes constituaient en effet de véritables témoins dont la participation donnait à l'acte une authenticité qu'il n'eût point eue sans elle, car leur présence rendait bien difficile une fraude, qui ne pouvait être commise qu'avec leur concours.

« Les baptêmes, mariages et sépultures seront en un même registre, selon l'ordre des jours, sans laisser de blanc. Aussitôt qu'ils seront faits ils seront écrits et signés, savoir : les baptêmes, par le père, s'il est présent, et par les parrain et marraine... » C'était une précaution nouvelle que cette obligation de ne point laisser de blancs dans l'inscription de ces actes et qui empêchait les additions frauduleuses. Enfin les signatures exigées ajoutaient encore à la foi que l'acte devait faire en justice. Elles furent d'ailleurs apposées régulièrement au bas des inscriptions des baptêmes.

41. — Nous arrivons à l'ordonnance du 9 avril 1736. Dans les considérants de cette ordonnance l'inexécution des lois antérieures est officiellement constatée. Il y est dit de plus que ce serait inutilement que des registres seraient tenus, si leur conservation n'était pas assurée. Voici les dispositions prises pour obvier aux inconvénients que les ordonnances antérieures n'ont pu supprimer ou n'ont pas prévus. Les registres tenus doubles au lieu de servir l'un d'original, l'autre de copie doivent être tous les deux des originaux. Cependant un seul sera composé de feuilles de

papier timbré, l'autre sera rédigé sur papier commun. Dans les pays où l'usage du papier timbré n'est pas prescrit les deux registres sont sur papier libre.

Art. 4. — « Dans les actes de baptême, il sera fait mention du jour de la naissance, du nom qui sera donné à l'enfant, de celui de ses père et mère, parrain et marraine, et l'acte sera signé sur les deux registres tant par celui qui aura administré le baptême que par le père (s'il est présent), le parrain et la marraine ; et à l'égard de ceux qui ne sauront ou ne pourront signer, il sera fait mention de la déclaration qu'ils en feront. » De même que dans presque toujours les articles, les rédacteurs de l'ordonnance se sont appliqués dans cet article 4 à assembler toutes les dispositions des lois antérieures. Ils ont cependant introduit des règles nouvelles. En voici un exemple, tiré du cas où le baptême ne suit pas immédiatement la naissance et où l'on veut cependant inscrire la naissance d'un l'enfant qui n'est qu'ondoyé : « lorsqu'un enfant aura été ondoyé, en cas de nécessité ou par permission de l'évêque, et que l'ondoyement aura été fait par le curé, vicaire ou desservant, ils seront tenus d'en inscrire l'act ...continent sur les deux registres ; et si l'enfant a été ondoyé par la sage-femme ou autre, celui ou celle qui l'aura ondoyé sera tenu, à peine de dix livres d'amende, qui ne pourra être remise ni modérée, et de plus grande peine en cas de récidive, d'en avertir sur le champ les dits curés ou desservants, à l'effet d'inscrire l'acte sur les dits registres dans lequel acte sera fait mention..... de la personne qui aura fait l'ondoyement et le dit acte sera signé..... par celui qui aura fait l'ondoyement. » Article 5. Cette espèce a une importance spéciale. Le registre ne mentionne plus la cérémonie religieuse du baptême. Ce n'est même pas pour mentionner une cérémonie religieuse quelconque que cet acte est fait, car plus tard, si le baptême est administré, on fera pour la constatation du baptême un acte spécial. C'est donc pour constater la naissance elle-même que l'acte d'ondoiement est inscrit sur les registres. Sous ses apparences d'actes de l'état religieux, c'est un acte de l'état civil proprement dit. Et la preuve qu'il a une force propre, indépendante de toute cérémonie religieuse c'est que dans l'acte du baptême qui annule rétroactivement l'ondoiement, on indique la date de l'acte d'ondoiement. Article 6.

Ce n'est évidemment pas pour faciliter la recherche de la date d'une cérémonie dont le baptême supprime l'utilité que cette indication est faite, c'est pour conserver le souvenir de la naissance, dont la constatation est le seul but de l'acte d'ondoiement. Nous insistons sur ce point de détail pour faire voir les progrès lents, mais continus, que l'idée d'un état civil indépendant de toute cérémonie du culte avait faits dans notre législation. L'ordonnance de 1736 n'avait d'ailleurs fait que transformer en loi un usage souvent mis en pratique avant elle, on inscrivait fréquemment le nouveau-né au moment de l'ondoiement ; on conservait ainsi une preuve certaine de la date de sa naissance et on pouvait attendre sans crainte pour son état les cérémonies du baptême. C'est ce qui arriva par exemple pour Louis XIV, dont l'acte de naissance et d'ondoiement date du 5 septembre 1638 et dont le baptême n'eut lieu que le 21 avril 1643.

Il était quelques mesures que l'ordonnance de 1736, n'avait pas besoin de mettre en vigueur et qui avaient été acceptées sans trop de résistance. Au nombre de ces règles déjà consacrées par l'usage, nous pouvons citer celles qui étaient relatives au timbre et au format adopté pour les registres.

L'ordonnance de 1736 fut régulièrement appliquée et resta en vigueur jusqu'en 1792.

42. — L'édit de Nantes avait confié aux ministres protestants la tenue des registres qui constataient l'état civil des membres de la religion réformée. Ces registres étaient tenus dans les consistoires et n'étaient soumis à aucune des ordonnances qui se succédèrent en France et qui ne concernaient que les catholiques.

En 1685 la révocation de l'édit de Nantes supprima les ministres et enleva aux protestants la possibilité de faire constater leur état. Il y eut cependant deux exceptions. En Alsace les réformés avaient leurs registres particuliers tenus par leurs pasteurs. A Paris les protestants pouvaient faire constater les naissances, les mariages et les décès par l'aumônier de la légation de Suède. Cette dernière exception n'était cependant admise qu'en faveur des luthériens. Les tribunaux admettaient d'ailleurs, quand l'état civil des protestants était en cause, tout mode de preuve, en dehors des registres qui n'existaient pas pour eux. Mais on voit dans quel état d'infériorité se trouvaient des personnes qui en étaient réduites aux preuves par témoins, par papiers privés, par notoriété publique ou par possession d'état en une matière où l'organisation de registres publics avait été jugée indispensable. Louis XVI fit cesser cet état de choses par son ordonnance de 1787. Après avoir, dans les considérants énergiquement, critiqué la législation alors en vigueur, qu'il déclare contraire à la raison, à la philosophie et au véritable esprit de christianisme, il autorise ses sujets et les étrangers qui se trouvent en France depuis un certain temps, qui n'appartiennent pas à la religion catholique, à faire constater leur état civil par le curé ou le vicaire, ou les officiers de justice de leur domicile ou du lieu où ils résident.

Quant aux Juifs, leurs rabbins ont généralement tenu des registres de circoncision avec assez de régularité, surtout en Alsace, et les naissances des membres de la religion israélite ont presque toujours, grâce à cette cérémonie, été constatées avec soin.

Avant d'abandonner cette matière, signalons un fait singulier qui se rattache à notre sujet et que nous n'accompagnerons du reste d'aucune espèce de commentaires. Jusqu'en 1789, la naissance et le baptême des princes du sang furent constatés sur les registres ordinaires tenus dans les paroisses, tandis que de 1804 à 1848 leur naissance ne l'a été que sur le registre spécialement affecté à la maison régnante, et leur baptême seul a continué à être inscrit sur les registres communs à tous.

43. — Nous en arrivons à l'organisation de l'état civil

proprement dit. La loi du 20 septembre 1792, en confiant à une autorité purement civile la tenue des actes, et en prescrivant de ne mettre dans les actes que la constatation de faits étrangers à un culte quelconque, ne fit qu'appliquer le principe de la séparation de la loi civile et de la loi religieuse introduit par la révolution de 1789. Cette loi qui n'a été que peu modifiée par le Code civil fut mise en vigueur le 1ᵉʳ janvier 1793.

Voici quelques-unes des dispositions de cette loi que nous indiquerons sans les commenter, car nous les retrouverons en partie dans le Code civil, et ce sera là pour nous le moment opportun de les analyser et de les critiquer.

« Titre 3. Art. 1. — Les actes de naissances seront dressés dans les vingt-quatre heures de la déclaration qui sera faite par les personnes ci-après désignées, assistées de deux témoins de l'un ou de l'autre sexe, parents ou non parents, âgés de vingt-un ans. »

Cette règle a été avec raison modifiée dans le droit actuel. Quelle confiance en effet peut inspirer un acte qui n'est pas rédigé au moment même où la déclaration est faite, d'après les termes mêmes de cette déclaration et en présence des déclarants et des témoins ? La fraude est facilitée, la négligence même est rendue inévitable par cette disposition imprudente.

Art. 6. — « L'enfant sera porté à la maison commune ou autre lieu public servant aux séances de la commune ; il sera présenté à l'officier public. En cas de péril imminent, l'officier public sera tenu, sur la réquisition qui lui en sera

faite, de se transporter dans la maison où sera le nouveau-
né. » Cet article a été vivement critiqué. On a blâmé
énergiquement la loi qui obligait les parents à exposer aux
intempéries l'enfant nouveau-né et qui chargeait un officier
public d'un examen quelquefois embarrassant même pour
un homme de l'art. Le Code civil a-t-il confirmé en ce
point la loi de 1792 ou l'a-t-il abrogée ? C'est une question
discutée que nous examinerons à propos de l'article 55 du
Code civil.

Nous avons à parler maintenant de la manière dont fut
appliquée dans la pratique la loi dont nous nous occupons
et spécialement de son exécution, quant aux naissances,
par la municipalité de Paris.

L'enfant était, au moins à Paris et dans quelques grandes
villes, présenté au commissaire de police de la section qui
constatait la naissance et le sexe et dressait un acte de
présentation. Cet acte était imprimé. On n'avait qu'à remplir les blancs et à signer. En voici un modèle :

Section. . . . .

du . . . mil sept cent. . . , naissance de. . . né. . .
fils de. . . . et de. . . .
Premier témoin. . . , profession . . . domicilié à . . .
Second témoin . . . , profession . . . domicilié à . . .
Sur la réquisition à nous faite dans les vingt-quatre heures
par. . . , constaté suivant la loi du 20 septembre 1792,
par nous commissaire de police de la susdite section,

On portait cet acte à la mairie centrale. Les témoins qu'on choisissait pour l'acte de naissance pouvaient être autres que ceux qui avaient paru dans l'acte de présentation. L'officier de l'état civil proprement dit rédigeait alors l'acte de naissance, d'après une formule également imprimée dont il n'avait qu'à compléter les indications.

Voici un modèle d'acte de naissance :

Du. . . mil sept cent. . . l'an. . . de la République, acte de naissance de. . . né. . . fils de. . . , profession . . . et de . . . profession . . .
Premier témoin . . . , profession . . . domicilié à . . .
Second témoin . . . , profession . . . domicilié à . . .
Sur la déclaration faite à la commune par . . .

     Vu le . . .

               . . . , Officier public.

Nous insisterons dans notre appendice sur l'heureux résultat produit par ces formules imprimées, qui eurent pour effet de rendre uniforme la rédaction des actes de l'état civil. De plus elles offraient un secours précieux à des officiers publics quelquefois ignorants des formes d'un acte et des indications à y faire entrer. Aussi regrettons-nous la disparition d'un usage qui ne dura que quelques années. Il cessa le 22 septembre 1803.

Le 3 ventôse an III, le régime que nous venons d'indiquer fut supprimé à Paris. Pour rendre les recherches et les déclarations plus faciles, la Convention divisa la ville en douze arrondissements, dont chacun avait des registres séparés. Le grand livre de l'état civil fut clos ; il en fut de même des registres de présentation des commissaires de police. Dès lors on ne fut plus obligé de porter d'abord d'enfant au commissariat de police de la section et d'aller ensuite à la mairie unique faire dresser l'acte de naissance. Une seule formalité suffit. On n'eut qu'à présenter l'enfant à la mairie de son arrondissement où l'acte était rédigé. Il y avait à ce point de vue progrès réel. Mais l'aggravation d'un inconvénient antérieur vint compenser cet avantage. La distance à laquelle il fallut transporter le nouveau-né s'accrut, dans l'immense majorité des cas, et avec elle s'accrut le danger que ce transport présentait.

Ce danger subsista aussi dans les grandes villes où la présentation de l'enfant avait été exigée dès la mise en vigueur de la nouvelle loi. Il n'en fut pas de même dans les petites villes et dans les communes rurales. Dans les unes, l'administration ne songea même pas à exiger la présentation de l'enfant, ce qui est tout naturel, l'officier public chargé de la rédaction de l'acte de naissance connaissant toujours quelqu'un des témoins ou du déclarant, quand on se trouve dans une petite ville, et ce fait pouvant lui inspirer une confiance difficile à avoir dans une grande ville, où presque personne ne se connaît. Dans les communes rurales enfin, le transport de l'enfant à de grandes distances, par tous les temps, était tellement contraire aux règles de la prudence la plus élémentaire, et la loi était en ce point si difficile à exécuter, qu'il y aurait eu une chose dont on devrait s'étonner c'est qu'on l'eût exécutée. Aussi l'article 6 de la loi que nous étudions ne fut-il jamais mis en vigueur dans les communes rurales.

En regard de chaque acte se trouvait un numéro d'ordre. A la fin des registres de chaque année et pour faciliter les recherches on faisait une table alphabétique, comprenant les noms et prénoms de l'enfant avec le numéro d'ordre de son acte de naissance. C'était là un grand progrès, surtout quand on connaissait exactement l'année pendant laquelle l'acte qu'on recherchait avait été fait. Mais ce cas était un cas exceptionnel. Le plus souvent même c'était pour connaître cette année qu'on cherchait l'acte de naissance. Les recherches pouvaient dès lors être très longues. C'est pour remédier à cet inconvénient qu'on établit des tables décennales.

Loi du 20 septembre 1792. — Article 15. — « Tous les dix ans les tables annuelles, faites à la fin de chaque registre, seront refondues en une seule. Néanmoins, pour déterminer une époque fixe et uniforme, la première de ces tables sera faite en 1800. »

Article 16. — « Cette table décennale sera mise sur un registre séparé, tenu double, timbré, coté et paraphé. »

Les précautions prises pour assurer la bonne tenue et la conservation des registres de l'état civil étaient prises aussi pour assurer la bonne tenue et la conservation de leurs tables décennales. L'article 17 de la même loi indique les officiers chargés de la garde de ces tables. Un des originaux restait à la commune, l'autre était transmis par l'intermédiaire du directeur de district au directoire du département où se trouvaient centralisées toutes les tables.

Le calendrier républicain avait été substitué au calendrier grégorien. Aussi la disposition de l'article 15 qui prescrivait l'établissement de la première table décennale en l'an 1800 n'était-elle plus en conformité avec les nouvelles institutions. Un arrêté du 27 vendémiaire an IX supprima ce manque d'harmonie et prescrivit la confection de la première table décennale en l'an XI, celle de la seconde en l'an XXI et ainsi de suite. Ni la loi ni l'arrêté ne furent exécutés. Nous reparlerons des tables décennales à propos de la loi de 1807 actuellement en vigueur.

44. — Avant de passer à l'étude de notre législation actuelle, nous allons passer rapidement en revue l'organisation de l'état civil, spécialement envisagé sous le rapport des actes de naissance, chez quelques-uns des peuples de l'Europe.

Les actes de naissance et de baptême n'en font qu'un en Angleterre. Il n'y a pas de délai fixé pour la déclaration des naissances. L'état religieux tient donc encore lieu d'état civil.

Il en est de même en Russie. Le lendemain de l'accouchement, le prêtre vient constater au domicile de la mère la naissance de l'enfant, à qui il donne un nom. Il dresse l'acte de naissance. Ce n'est que plus d'un mois après et quand la mère peut se rendre à l'église avec son enfant que les cérémonies du baptême ont lieu.

En Italie, quant au mode de constatation des naissances,

ce sont les dispositions de notre Code qui sont en vigueur, mais l'obligation de présenter l'enfant à l'officier de l'état civil n'a jamais été rigoureusement exécutée.

La Belgique, ayant conservé notre Code civil, a en celtte matière des lois absolument conformes aux nôtres. Il en est de même de la Hollande, dont la législation diffère, cependant au moins en quelques points de détail, de la législation française. Mais ces deux législations ont un principe commun : l'indépendance de l'état civil et de l'état religieux et ce sont des fonctionnaires de l'ordre civil qui sont chargés en Hollande de la constatation des naissances.

Jusqu'à ces dernières années le clergé tenait les registres de l'état civil en Autriche-Hongrie et on se rappelle la résistance des évêques et les conflits de toute sorte, auxquels ont donné lieu diverses tentatives d'organisation d'un état civil indépendant.

En somme, il existe dans ces différents pays deux modes de constatation des naissances. Dans les uns, le clergé est chargé de cette constatation. Il confond dans ces registres l'inscription de la naissance et celle du baptême et exclut ainsi de ce mode de preuve tous ceux qui pratiquent un culte étranger. Dans les autres, des officiers spéciaux sont institués pour la tenue des registres qui n'indiquent que le fait de la naissance, mais sur lesquels sont mentionnées toutes les naissances, quelle que soit la religion à laquelle appartiennent les parents des nouveau-nés.

CHAPITRE III

DES ACTES DE NAISSANCE

§ 1. — *De la rédaction des actes de naissance.*

45. — L'article 55 du Code civil est ainsi conçu :
« Les déclarations de naissance seront faites, dans les trois jours de l'accouchement, à l'officier de l'état civil du lieu ; l'enfant lui sera présenté. »

Pour faire constater une naissance il faut donc la déclarer à l'officier de l'état civil ; mais comme une simple déclaration ne constitue pas, pour un fait aussi important qu'une naissance, une preuve suffisante, la déclaration doit être corroborée par la présentation de l'enfant à l'officier de l'état civil. La rédaction de l'acte de naissance est subordonnée à ces deux conditions. Nous parlons bien entendu de l'acte constatant une naissance qui s'est produite dans les conditions normales. S'il s'agissait par exemple de la découverte d'un enfant trouvé, nous nous trouverions devant des règles spéciales, que nous étudierons dans notre second paragraphe.

L'article 56 indique les personnes auxquelles incombe l'obligation de déclarer la naissance : « La naissance de l'enfant sera déclarée par le père ou à défaut du père par les docteurs en médecine ou en chirurgie, sages-femmes, officiers de santé ou autres personnes qui auront assisté à l'accouchement ; et lorsque la mère sera accouchée hors de son domicile, par la personne chez qui elle sera accouchée.... »

Autrefois, lorsque l'acte de baptême tenait lieu d'acte de naissance on n'avait pas besoin de faire de déclaration. Si le père était présent il signait l'acte constatant le baptême, le parrain et la marraine signaient également, mais on n'était, au moins en fait, et avant l'ordonnance de 1667, tenu de donner aucune indication sur la date de la nativité. Comme d'ailleurs aucun délai n'était fixé, dans lequel dût avoir lieu la cérémonie du baptême, on peut affirmer qu'il n'y avait pas alors de déclaration à proprement parler.

La loi du 20 septembre 1792 modifia complètement notre législation sur ce point. Elle rendit obligatoire une déclaration qui n'avait, en fait, jusque là été que volontaire ; elle indiqua les personnes qui en seraient tenues et édicta contre ces personnes, en cas de mauvais vouloir ou même de simple négligence, une peine sévère. Le père, la personne de l'art qui avait présidé à l'accouchement et la personne chez laquelle la mère était accouchée étaient obligés, la seconde à défaut du premier et la troisième à défaut des autres, de déclarer la naissance, sous peine de deux mois de prison. La loi du 19 décembre 1792 vint compléter ces dispositions insuffisantes. La loi du 20 septembre présentait en effet une lacune grave ; il n'y était pas dit dans quel délai la déclaration devait avoir lieu. La loi du 19 dé-

cembre fixa ce délai à trois jours et rendit la sanction plus
énergique encore : elle fixa à six mois la durée de l'emprisonnement en cas de rédicive.

46. — Dans son exposé des motifs le conseiller d'État
Thibeaudeau critique vivement ce système de pénalités. Il
l'explique cependant et voici comment : Au moment où
parurent les deux lois de 1792, des parents, craignant de
paraître hostiles au clergé, qui avait jusqu'alors enregistré
les naissances, dissimulèrent la naissance de leurs enfants.
D'autres agirent de même par pur esprit d'opposition au
nouvel état de choses. L'état de ces enfants était ainsi com-
promis. Le législateur voulut remédier à cet inconvénient
et crut que le meilleur parti à prendre était d'édicter des
peines sévères contre certaines catégories de personnes, à
qui il imposerait l'obligation de déclarer les naissances, si cette
formalité n'était pas remplie. Le but poursuivi par la loi
ne fut pas atteint. La loi continua à être souvent éludée et
les consciences crédules, qu'il eût fallu éclairer, ne reculè-
rent pas devant la crainte de la prison. On n'arriva qu'à
un résultat : ce fut d'éloigner souvent les personnes, qui
eussent pu leur être utiles, de l'enfant qui vient de naître et
qui a un si pressant besoin de secours, et de sa mère qui a
un presque aussi grand besoin de soins.

Après avoir adressé ces critiques aux dispositions du droit
intermédiaire, Thibeaudeau constate le grand changement
qui s'est produit dans les esprits (séance du 10 ventôse
an XI). Les persécutions ont cessé ; la liberté des cultes
rétablie permet aux parents, après avoir fait constater civi-

lement la naissance de leurs enfants, de la sanctifier par une solennité religieuse. L'ombre d'utilité des moyens de rigueur tombe complètement. La déclaration des naissances ne sera plus désormais sanctionnée par une peine.

Une autre considération intervenait dans le même sens. Si par un événement quelconque la naissance n'avait pas été déclarée dans le délai fixé par la loi, n'était-il pas à craindre que les personnes tenues de la déclaration ne continuassent à la dissimuler plutôt que de s'exposer à une peine de deux ou six mois de prison ? Tandis qu'en pareil cas, la sanction supprimée, il n'y a pas de parents qui ne s'empressent de réparer une omission, peut-être involontaire.

Le système proposé par Thibeaudeau fut définitivement admis dans le Code. La déclaration ne fut plus que conseillée dans l'intérêt du nouveau-né et l'article 56 qui régit notre matière ne contient aucune disposition pénale.

On ne fut pas longtemps sans s'apercevoir que ce système était défectueux. Des retards, des négligences se produisirent, et d'autant plus regrettables que, pour réparer le mal par eux produit, on était obligé de recourir à des voies longues et coûteuses. Le mal se généralisa avec les guerres qui suivirent la promulgation du Code. Les parents désireux de soustraire leurs fils au service militaire, qui était devenu une si lourde charge, dissimulèrent leur naissance ou firent des déclarations mensongères quant au sexe du nouveau-né ; ce qui était facile, étant donné qu'en fait la présentation de l'enfant n'avait lieu que dans les grandes villes. L'article 346 du C. Pén. mit fin à ces abus par la disposition suivante : « toute personne qui, ayant assisté à un accouchement, n'aura pas fait la déclaration à elle prescrite par l'article 56 du C. civ. et dans les délais fixés par l'article 55 du même Code, sera punie d'un emprisonnement de six jours à six mois, et d'une amende de seize francs à 300 francs. »

Cette règle est encore en vigueur. Elle donne quelquefois lieu dans la pratique à des espèces curieuses. Nous allons en examiner quelques unes.

Une personne assiste à un accouchement. Sous prétexte que la déclaration qu'elle ferait serait inutile elle s'en abstient, sans avoir en rien l'intention de léser les intérêts de l'enfant. Il n'y a là ni crime, ni délit à proprement parler, l'intention frauduleuse faisant défaut. La personne coupable de négligence tombe cependant sous le coup de la loi pénale et est passible des peines édictées par l'article 346. Cass. ch. cr. 1 mars 1821.

Pour appliquer la peine portée par l'article 346 Code pénal, il n'est pas nécessaire d'examiner s'il y a ou non l'intention de détruire l'état de l'enfant, ni si cet enfant est légitime ou naturel ; il suffit de reconnaître que le demandeur chez qui l'accouchement a eu lieu, est contrevenant à la disposition générale, positive et d'ordre public de l'article 56 Code civil pour avoir négligé de déclarer la naissance de l'enfant, après avoir assisté à l'accouchement de sa mère c. Cass. ch. cr. 3 octobre 1823.

Si l'article 346 Code Pénal n'exige pas pour son application d'intention frauduleuse de la part de la personne poursuivie, il exige la présence matérielle à l'accouchement et même les personnes désignées dans l'article 56 C. Civ. ne peuvent être poursuivies si elles n'ont pas assisté à la naissance.

Voici une application de ce principe :

L'article 346 Code Pénal ne punit, pour défaut de déclaration de la naissance d'un enfant dans le délai prescrit par l'article 55 Code civil, que les personnes qui ont assisté à l'accouchement ; si aux termes de l'article 56, Code civil, le père doit faire cette déclaration dans les trois jours, cette infraction de sa part à cette obligation n'est punissable aux terme de la loi, que s'il a assisté à l'accouchement ; le concours de cette dernière circonstance est nécessaire pour constituer le délit prévu par l'article 346 Code pénal, tr. d'Amiens, ch. cor. 2 janvier 1837.

Nous approuvons pleinement la doctrine suivie en cet arrêt. Pour nous, l'article 346 Code pénal, exige bien la présence à l'accouchement, pour l'application de la peine qu'il édicte et il l'exige même quand la personne poursuivie est, comme le père obligé d'une manière très générale, par l'article 56 Code civil, de faire la déclaration de la naissance. Ce dernier article ne distingue évidemment pas entre le cas où le père a assisté à l'accouchement et le cas où il n'y a pas assisté : mais l'article 346 Code Pénal fait cette distinction d'une façon formelle et nous ne pouvons pas le négliger. Aussi combattons-nous énergiquement l'opinion dans laquelle l'arrêt d'Amiens que nous avons cité est critiqué comme contraire à la généralité des termes de l'article 56 Code civil.

Il peut se faire que dans l'absence de déclaration il entre une intention criminelle et que le désir d'empêcher la constatation de l'état de l'enfant en soit le mobile. Dans ce cas le fait dirigé contre l'enfant peut constituer un crime prévu et puni par l'article 345 du Code pénal. « Les coupables d'enlèvement, de recelé ou de suppression d'un enfant, de substitution d'un enfant à un autre, ou de supposition d'un enfant à une femme qui ne sera pas accouchée, seront punis de la réclusion.

(Addition de la loi du 13 mai 1863). S'il n'est pas établi que l'enfant ait vécu, la peine sera d'un mois à cinq ans d'emprisonnement.

S'il est établi que l'enfant n'a pas vécu, la peine sera de six jours à deux mois d'emprisonnement.

. . . . »

On comprend sans peine le motif de la différence qui existe entre les peines édictées par les articles 346 et 345 du Code pénal. L'un ne prévoit qu'une simple négligence ; l'autre atteint un fait criminel qu'il serait coupable de ne pas réprimer sévèrement.

Qu'arrivera t-il si une personne autre que celles qui sont indiquées par l'article 56 Code civil fait à l'officier de l'état civil la déclaration d'une naissance ? Devra-t-il admettre cette déclaration faite par un individu à qui la loi ne donne pas la mission de la faire ? Non. Pour être reçue

la déclaration doit être faite par une des personnes désignées par la loi.

Ici se présente une difficulté. Le préfet doit dresser une
liste des officiers de santé. Il en est de même pour les sages-
femmes, il est possible que l'officier de santé ou la sage-
femme qui a assisté à l'accouchement ne soit pas portée sur
cette liste. L'officier de l'état civil devra-t-il admettre sa déclaration ? Quoique la question soit discutée nous n'hésitons pas à la résoudre dans le sens de l'affirmative. L'absence de son nom de la liste officielle n'enlève pas son titre
à l'officier de santé ou à la sage-femme. Et d'ailleurs n'a-t-il
pas reçu de la loi la mission de déclarer la naissance, même
en dehors de tout titre, les articles 56 Code civil et 346
Code pénal ordonnent à toute personne qui a assisté à l'accouchement de faire la déclaration de la naissance ? La généralité des termes de ces articles est pour nous un argument décisif en faveur du système que nous défendons. L'o-
bligation de la personne de l'art naît d'ailleurs, non de sa
qualité de témoin oculaire mais du rôle qu'elle a joué dans
l'accouchement. Cette considération a son importance et
fait qu'elle est tenue de la déclaration avant un simple témoin oculaire de l'accouchement, l'obligation de déclarer
la naissance n'atteignant pas simultanément, comme nous
le verrons plus tard, toutes les personnes désignées par
l'article 56 Code civil, mais ne les atteignant que successivement.

47. — La sanction pénale attachée à l'obligation de déclarer les naissances doit nous faire recherche quelles per-

sonnes sont limitativement tenues de faire cette déclaration.

La rédaction de l'article 56 C. civ. semblerait indiquer que les personnes seules qui ont donné des soins à la mère et à l'enfant pendant l'accouchement, doivent déclarer la naissance. Celle-ci, dit la loi, sera déclarée par le père, et à son défaut, par les docteurs..... ou autres personnes qui ont assisté à l'accouchement. L'article 56 ne paraît viser que les personnes qui ont soigné la mère et l'enfant et non celles qui ont assisté à l'accouchement en simples specta-teurs. Dans cette opinion vivement défendue, les personnes qui n'ont été que témoins de la naissance ne sont pas tenues de la déclarer.

Dans un autre système, que nous adoptons, on prend à la lettre l'article 56. On peut assister à l'accouchement sans porter secours à l'accouchée, et c'est spécialement pour les personnes qui ont vu la naissance, sans y jouer aucun rôle, que les mots « *ou autres personnes qui ont assisté à l'accouchement* » ont été employés par le législateur. Ces termes sont absolument clairs, et le doute n'est pas possible en présence du mot *assister*. Cette interprétation est d'ailleurs conforme à l'esprit de la loi, qui a toujours veillé à ce que les intérêts de l'enfant soient sauvegardés, et n'est-ce pas donner une garantie de plus de la bonne tenue de son état civil, que d'élargir le cercle des personnes char-gées de déclarer sa naissance ? C'est là l'intention du légis-lateur et ce serait la méconnaître que restreindre le nombre de ces personnes. On pourra nous objecter que ce système est bien rigoureux pour des personnes qui ont été peut-être témoins fortuits et indifférents de l'accouchement et qui sont obligées, sous peine d'encourir plusieurs mois de prison, de s'occuper d'un évènement qui ne les touche en rien ; mais il est facile de réfuter cette objection. Et d'abord, quand il s'agit des intérêts de l'enfant, nos lois n'hésitent pas à imposer à des personnes qu'aucun lien quelquefois n'unit à cet enfant, les charges les plus grandes et la responsabilité la plus lourde. De plus, en fait, l'obligation de déclarer la naissance n'est presque jamais imposée dans notre système, qu'à des personnes qui touchent de très près à l'enfant. Ce ne sont, en effet, que les personnes que les liens de la famille ou de la plus étroite amitié unissent aux parents du nouveau-né, qui sont admises à assister à la naissance. Quoi de plus naturel, dès lors, que de leur imposer un devoir bien facile à remplir et dont l'accomplissement sera si utile à l'enfant.

Quand la mère accouche hors de son domicile, une personne de plus est obligée de faire la déclaration : la personne chez laquelle a eu lieu l'accouchement. L'officier de l'état civil devra-t-il admettre la déclaration que lui ferait elle-même la femme qui vient d'accoucher ? Quoique l'article 56 ne prévoie pas spécialement ce cas, nous croyons que la déclaration de la mère devrait être reçue. Nous nous fondons, pour cela, sur l'intérêt de l'enfant, dont la naissance ne pourrait pas, dans certains cas, être constatée, si on adoptait le système contraire. Il en serait ainsi, par exemple, dans le cas d'accouchement inattendu dans un endroit écarté. La mère peut, d'ailleurs, en s'en tenant

aux termes si généraux de l'article 56 C. civ., être considérée comme rentrant dans la catégorie de ceux que la loi
désigne comme devant déclarer les naissances, car elle
rentre essentiellement dans les personnes ayant assisté à
l'accouchement. Certaines personnes, tout en admettant ce
système, y apportent un léger tempérament. Elles croient
que l'officier de l'état civil agira prudemment, dans le cas
que nous étudions, en indiquant le fait qui a empêché de
se produire l'attestation des témoins oculaires de la naissance, et rien ne nous empêche d'admettre cette observation.

48. — L'article 346 du Code Pénal édicte des peines
contre ceux qui ayant assisté à l'accouchement n'ont pas
fait la déclaration prescrite par la loi; mais les peines qu'il
édicte doivent-elles être prononcées simultanément contre
toutes les personnes désignées dans l'article 56, ou successivement et dans l'ordre indiqué par cet article ?

La question a été controversée, mais elle paraît fixée
aujourd'hui et on n'applique jamais simultanément les peines de l'article 346 Code Pénal.

Il serait en effet bien sévère de punir de l'amende et de
la prison une personne qui, ayant simplement assisté à
l'accouchement, s'est abstenue d'en faire la déclaration,
alors que l'accouchée était entourée du père, du médecin
et des autres personnes plus spécialement tenues pas l'article 56 de déclarer la naissance. Quant à l'objection tirée
des termes de l'article 346 Code Pénal, qui atteint toute
personne ayant assisté à l'accouchement, elle ne porte pas.

Le législateur a voulu simplement frapper de la même peine toute personne qui aurait dû faire la déclaration et qui ne l'a pas faite, et non indiquer une obligation simultanée pour toute une catégorie de gens. Si l'accouchement a lieu en présence d'une seule personne qui n'y joue aucun rôle, cette personne en cas de non-déclaration, elle sera punie comme l'eût été en pareil cas le père lui-même. C'est là la vraie pensée de la loi et sa seule portée.

Ce système est à peu près généralement adopté ; cependant MM. Hélie et Chauveau professent l'opinion contraire.

Si l'accouchement a lieu hors du domicile de la mère, la personne chez laquelle il a eu lieu est obligée, avons-nous dit, d'en faire la déclaration ; Article 56 code civil, 1er alinéa, *in fine*. Mais quelle est l'étendue de son obligation ? Cette obligation subsistera-t-elle, même si le père a assisté à l'accouchement ? Primera-t-elle celle du docteur, de la sage-femme, etc., ou sera-t-elle moins énergique ? Voici le système auquel nous nous rangeons : le père, que la mère accouche ou non à son domicile, est tenu de faire la déclaration. Ce n'est qu'à défaut du père que l'obligation passe aux autres personnes citées par l'article 56.

Si l'accouchement a lieu hors du domicile de la mère, la personne chez laquelle il a eu lieu est tenue de la déclaration à défaut du père, et ce n'est qu'à son défaut que l'obligation passe aux gens de l'art et aux assistants. La jurisprudence parait fixée en ce sens. .

Dans un système mixte, l'obligation est bien successive

en général, mais elle est bien simultanée quant aux gens de l'article. Se basant sur ce qu'il n'y a pas plus de raison pour l'imposer aux docteurs qu'aux sages-femmes. En soutient dans cette opinion (Grenoble, arrêt du 22 janvier 1844) que tous ceux qui ont concouru à l'accouchement sont tenus simultanément d'en faire la déclaration. M. Demolombe, qui défend cette opinion, invoque pour la soutenir le groupement des expressions de la loi du 20 septembre 1792 et de l'article 56 du Code civil. Les termes désignant les personnes de l'art y sont en effet rassemblés. Mais ce n'est pas là un motif suffisant pour adopter un système qui n'a pas d'autre base. Cette rédaction est toute naturelle. Or y chercher des arguments pour un système, nous en trouverions d'ailleurs plutôt en faveur de celui que nous soutenons qu'en faveur de celui de M. Demolombe. L'ordre suivi par l'article 56 du Code civil, qui indique d'abord les médecins, c'est-à-dire ceux qui sont les plus aptes à bien faire la déclaration, pour terminer par les sages-femmes, implique une obligation successive bien plutôt qu'une obligation simultanée. Rien dans les travaux préparatoires ne fait du reste présumer l'intention de ce groupement, supposé par nos adversaires, dont nous repoussons l'opinion comme arbitraire, parce qu'ils interprètent sans motifs suffisants, une fraction de l'article 56 Code civil d'une manière différente de celle dont ils interprètent le reste de cet article.

49. — Certains auteurs estimaient que les témoins oculaires d'un accouchement ne peuvent pas se faire

représenter par un mandataire dans la déclaration, qui doit être faite par eux-mêmes en personne. Ce n'est là d'ailleurs que l'application d'une théorie générale, qui exclut dans tous les actes de l'état civil la représentation des déclarants par des mandataires. Les partisans de ce système ne l'admettent pas du reste dans toutes ses conséquences et ils y apportent un tempérament qui en diminue singulièrement la portée. Selon eux, et par une exception à la règle qu'ils viennent de poser, le père, s'il ne peut se présenter lui-même à l'officier de l'état civil, peut, par acte spécial et authentique, donner à quelqu'un le mandat de déclarer la naissance, de reconnaître la paternité et de donner des prénoms au nouveau-né. Mais alors à côté du mandataire du père, l'officier de l'état civil devrait exiger la présence d'un déclarant témoin oculaire de l'accouchement. Ce système qui appartient à M. Hutteau d'Origny, nous paraît devoir être écarté. Quelle différence en effet peut-on faire logiquement entre le père et un déclarant quelconque au point de vue de la possibilité de la représentation ? M. Grün a essayé d'expliquer cette anomalie en disant que le père peut se faire représenter non comme déclarant, mais comme partie, dans l'acte de naissance, et il en arrive à ce résultat que sa déclaration doit être reçue même quand elle est faite par l'intermédiaire d'un représentant.

Cette distinction entre la déclaration du père considéré comme déclarant, et celle du père considéré comme partie nous paraît au moins subtile et nous ne la trouvons nulle part dans le Code. Nous préférons nous en tenir au droit commun qui admet le droit de représentation. Aucune disposition de nos lois ne s'oppose à ce qu'un individu, qui a assisté à un fait, charge une personne de l'attester. Dans notre matière ce droit n'est pas enlevé aux déclarants. Pourquoi le leur refuser ? L'esprit du Code nous apporte d'ailleurs un argument décisif en faveur de notre système. Nos lois ont pour but la constatation de l'état civil des nouveau-nés et elles tendent par tous les moyens possibles à favoriser cette constatation. N'est-ce donc pas rester dans l'esprit du Code que de suivre un système qui permet aux personnes qui sont, par exemple, subitement obligées de partir, de confier à un ami ou à un parent la mission d'aller déclarer une naissance ? C'est étendre le cercle des gens qui peuvent servir de déclarants dans un acte de naissance sans violer aucune des prescriptions de la loi ; aussi n'hésitons-nous pas à adopter l'opinion contraire à celle de M. Hutteau d'Origny et qui est celle de MM. Coin-Delisle, Descloseaux et Demolombe.

50. — Tandis que les témoins des actes de l'état civil doivent être mâles et majeurs, les déclarants n'ont à remplir aucune condition. Ceux-ci peuvent être mineurs. Comment rejeter la déclaration d'un père sous prétexte qu'il est mineur ? Et ce que nous disons du père, il n'est aucun motif pour ne pas le dire d'une personne quelconque. Il suffit seulement que le déclarant ait le discernement nécessaire pour faire une déclaration claire et précise. Il sera néanmoins prudent de la part de l'officier de l'état civil de

ne pas se contenter de l'allégation d'une personne toute jeune, surtout si elle est étrangère à la famille dans laquelle la naissance s'est produite. Il devra la vérifier autant que possible et l'entourer de témoignages dignes de toute confiance ; mais en principe il devra l'admettre, d'autant plus que souvent de jeunes enfants auront seuls assisté à l'accouchement et que leur déclaration sera la seule possible.

Si on ne demande aux déclarants de remplir aucune condition comme âge, on ne leur demande d'en remplir non plus aucunes comme sexe. Une femme peut déclarer une naissance. Bien plus, dans certains cas elle le doit, lorsqu'elle rentre, par exemple, dans l'énumération de l'article 56. c.civ. La loi a eu pour but dans la réglementation de toutes ces questions de faciliter la constatation de l'état des nouveau-nés.

51. — L'article 55 c. civ. dit que les déclarations de naissance devront être faites dans les trois jours de l'accouchement. Le sentiment presque unanime est qu'on ne doit pas compter dans ces trois jours celui de l'accouchement. Quelques auteurs cependant, dont M. Lemolt, adoptent un avis contraire. Ce délai est de rigueur ; si la déclaration n'a pas été faite avant qu'il soit expiré, les personnes tenues de la faire, tombent sous le coup de l'article 346 C. Pén. étudié sous le n° 46.

La déclaration doit être faite devant l'officier de l'état civil du lieu (art. 55, C. civ. *in fine*). C'est du lieu de l'accouchement qu'il est ici question. Cette règle est générale. Si la mère accouche hors de son domicile, il en est de même. C'est à l'officier de l'état civil du lieu de la naissance qu'il faut soumettre toutes les difficultés que cette naissance peut produire. Il faut cependant apporter deux tempéraments à ce principe. Dans certains cas il sera impossible de renvoyer à cet officier la déclaration faite hors de sa commune où elle aurait dû se produire. Dans ce cas il y force majeure et la loi ne peut évidemment pas être exécutée. A cette restriction produite par la force des choses nous devons en ajouter une autre sans laquelle l'extension donnée au principe de l'article 55 Code civil serait vraiment excessive. L'accouchement a lieu dans une voiture ou dans un lieu très voisin du domicile de la mère. On transporte celle-ci immédiatement dans son domicile. La déclaration devra être faite à la mairie dont ce domicile dépend. Il suffit qu'elle émane des personnes présentes à l'accouchement (Dalloz).

52. — Que se passera-t-il si la déclaration est faite après les trois jours constituant le délai fixé par l'article 55 Code civil? L'officier de l'état civil doit-il admettre cette déclaration tardive? Les auteurs sont à peu près unanimes à admettre la négative, qui résulte d'un avis du Conseil d'État du 12 brumaire an XI. L'avis contraire n'est soutenu que par Maleville. Cet auteur dit que l'officier de l'état civil doit admettre la déclaration tardive. Seulement d'après ce jurisconsulte il doit dans ce cas, et pour mettre sa responsabilité à couvert, dresser un procès-verbal des circonstances dans lesquelles la déclaration s'est produite et qui ont empêché de la faire dans le délai prescrit.

Voici les termes de l'avis du Conseil d'État du 12 brumaire an XI : «...S'il était permis à l'officier de l'état civil de recevoir, sans aucune formalité, des déclarations tardives, et de leur donner de l'authenticité, on pourrait introduire des étrangers dans les familles, et cette faculté serait la source des plus grands désordres : les actes omis ne peuvent être inscrits sur les registres qu'en vertu de jugements rendus en grande connaissance de cause de l'omission, contradictoirement avec les parties intéressées, ou elles appelées, et sur les conclusions du ministère public... » Ces termes sont précis et les motifs allégués sont aussi vrais aujourd'hui qu'ils l'étaient en l'an XI. Si le premier venu pouvait, sans appeler les parties intéressées, faire des déclarations tardives de naissance, les actes de l'état civil perdraient toute espèce de sincérité et ne devraient plus inspirer qu'une confiance bien médiocre. C'est pour leur conserver leur caractère d'authenticité que nous nous rangeons à l'opinion, dans lequelle une décision judiciaire est nécessaire pour que l'officier de l'état civil puisse recevoir une déclaration tardive de naissance. Que si, malgré la déclaration tardive, un acte de naissance a été dressé, il ne faut pas le considérer comme nul parce qu'il n'y a pas eu de jugement préalable. Le soin que la loi a apporté dans l'organisation de l'état civil dénote bien son intention de ne priver personne de son état civil ; cette intention est confirmée par ce fait qu'aucune des formalités que nous avons étudiées n'est prescrite à titre de nullité et nous la méconnaîtrions entièrement si nous déclarions nul l'acte de naissance dressé d'après une déclaration tardive.

C'est l'avis de M. Demolombe qui n'adopte pourtant ce système qu'avec une restriction. Ce jurisconsulte croit qu'un acte rédigé dans ces conditions ne doit pas faire foi comme un acte régulier et que les tribunaux auront à apprécier les renseignements qu'il fournit. Nous n'adopterons pas cette manière de voir. Si l'officier de l'état civil a enregistré une naissance malgré une déclaration tardive, l'acte de naissance doit être considéré comme régulier. Rien dans nos lois ne frappe cet acte d'une déchéance quelconque et le délai de trois jours de l'article 75, Code civil, n'est prescrit que dans un but : celui d'empêcher l'admission d'une déclaration tardive. Que si cette déclaration a été reçue, l'acte dressé d'après elle a la force probante d'un acte quelconque de l'état civil. On pourra bien l'attaquer, mais ce sera par les voies ordinaires et si les tribunaux considèrent l'irrégularité de la déclaration qui lui a servi de base comme devant avoir une influence quelconque sur sa force probante, ce sera un fait qu'ils allègueront et dont la portée se modifiera selon les circonstances de la cause; ce ne sera pas un principe de droit qu'ils émettront.

De ce que l'acte rédigé dans le cas que nous examinons n'est pas nul, il ne faudrait pas conclure que l'officier de l'état civil peut admettre une déclaration tardive, sans que les formalités prescrites par la loi dans ce cas soient observées. Il n'est pas, en effet, permis de faire tous les actes qui, une fois faits, seraient valables. Nous pouvons donner une application de ce principe au mariage. L'union contractée malgré un empêchement prohibitif est valable. Il n'était pourtant pas permis de la contracter. Dans notre espèce, il est tellement vrai que quoique l'inscription tardive d'une naissance soit valable, il est défendu de l'admettre, que le retard apporté dans la déclaration est puni par les lois. Cette disposition pénale est toute naturelle. Il fallait éloigner le danger toujours à craindre d'une supposition d'enfant et ce délit serait facilement et fréquemment commis si la déclaration de la naissance ne devait être enfermée dans un délai très bref et de rigueur (avis du Conseil d'État du 13 nivôse an X. Arrêt Colmar, 25 juillet 1828).

Un système contraire a été soutenu par M. Coin-Delisle : l'officier de l'état civil aurait, d'après cet auteur, le droit de recevoir la déclaration, quand peu de jours se sont écoulés depuis la naissance. Si, au contraire, un temps très long s'est écoulé depuis l'accouchement, l'acte ne doit pas être dressé. Nous repoussons ce système. Comment concilier, en effet, avec les prescriptions si détaillées et si minutieuses du Code, ce pouvoir arbitraire donné à l'officier de l'état civil ? Lui seul serait juge de la justesse des motifs qui ont produit le retard dans la déclaration et de l'absence du danger rendu possible par ce retard ! Il devrait examiner des faits que la loi ne lui a pas donné la mission de constater et estimer leur degré de gravité, quand les dispositions du Code ne lui confient que le droit d'accueillir certaines déclarations limitativement déterminées par la loi !

Voici la réponse que font les adversaires du système que

nous soutenons à l'argument que nous tirons du danger qu'il y aurait à admettre les déclarations tardives et de la facilité qu'il y aurait, si ce système était adopté, à introduire des étrangers dans les familles : Un acte de l'état civil ne préjudicie jamais aux personnes qui ignorent son existence. Pour qu'on puisse l'invoquer il faut nécessairement le produire, or les personnes dont il léserait les intérêts peuvent le combattre et le tribunal peut toujours, s'il y a lieu, en ordonner la rectification. Est-ce que ces garanties ne sont pas suffisantes pour écarter le danger d'introduction d'étrangers dans les familles? Et est-ce que ce danger bien faible n'est pas largement compensé par l'avantage qu'a l'enfant d'avoir un état civil constaté immédiatement et sans frais? Quant à l'objection tirée de ce que au juge seul appartient le droit de rectification de l'état civil, elle ne porte pas. Il ne s'agit pas ici de rectifier un acte, il s'agit de le créer ; ce n'est pas une modification, c'est une inscription primitive dont nous nous occupons ; ce n'est pas le juge, c'est l'officier de l'état civil auquel ce soin appartient. D'ailleurs accorder à l'officier de l'état civil le droit de rejeter une déclaration comme tardive c'est lui accorder de juger si un acte de l'état civil doit ou non être rédigé et la loi lui refuse ce droit. Enfin sur quoi baser cette prohibition d'admettre une déclaration tardive? La loi est muette sur ce point et ne contient aucune règle prohibitive (Traducteur Italien de la jurisprudence générale, addition au mot Acte de l'état civil).

Nous ne pouvons admettre cette argumentation. Quoi

qu'en disent nos adversaires le danger serait très grand, en dépit des garanties existantes, si l'officier de l'état civil pouvait de sa propre autorité recevoir les déclarations tardives. Quant à l'avantage qu'aurait l'enfant d'avoir son état civil immédiatement constaté, il serait bien mince et ne compenserait pas le danger qu'on évite dans notre système. Il sera bien facile d'obtenir en effet un jugement ordonnant l'inscription de l'acte de naissance. Quant à l'argument de texte qui consiste à dire qu'adopter notre système. c'est accorder à l'officier de l'état civil le droit de rejeter une déclaration, c'est-à-dire de juger si un acte peut être passé ou non, droit que la loi ne lui donne pas, il est sans base. En effet ce droit, l'officier de l'état civil l'a parfaitement ; tout le monde lui reconnaît le pouvoir d'admettre ou de ne pas admettre la déclaration d'une personne trop jeune, ou d'un père qui n'a pas pu trouver de témoins pour la naissance de son enfant. Ce pouvoir renfermé dans de justes limites comment ne pas le lui accorder ? Enfin l'article 55, Code civil disant que les déclarations de naissance seront faites dans les trois jours, n'implique-t-il pas, par un argument *a contrario* bien simple, qu'elles ne pourront pas être faites après l'expiration de ce délai ?

Nous avons d'ailleurs pour nous les termes formels de l'avis du Conseil d'État du 12 brumaire an XI, que nous avons déjà cité. Un officier de l'état civil ne peut l'enfreindre sans contrevenir à une disposition obligatoire (Dalloz, Favart). Dans le même sens, il y a un autre avis du Conseil d'État (28 frimaire an XII) qui porte que les lacunes, omissions, erreurs dans les registres de l'état civil doivent être remplies, suppléées ou réparées d'après un jugement des tribunaux. Nous n'hésitons donc pas à maintenir notre opinion.

Voici un extrait des considérants de l'arrêt de la Cour de Colmar déjà cité. Il vient confirmer notre système et résume les dispositions de la loi et le danger qu'il y aurait à y contrevenir : « 1° Il ne peut dépendre des personnes qui ont assisté à une naissance de constater l'état d'un enfant ainsi qu'elles l'entendent et à l'époque qui leur convient ; 2° l'officier de l'état civil ne peut recevoir les déclarations de naissance après les délais expirés, et quel que soit le laps de temps écoulé entre la naissance et la déclaration ; 3° par voie de conséquence les corps judiciaires sont exclusivement compétents pour faire régulariser de pareilles omissions ; en admettant que les officiers de l'état civil soient autorisés à recevoir les déclarations à toutes époques, sans formalité et sans jugement, il n'existerait plus de règle fixe, ni même de terme où l'on dût s'arrêter, et il dépendrait d'eux d'introduire, sur une déclaration dont ils ne pourraient vérifier l'exactitude, et qui serait faite à une époque déjà éloignée de la naissance, un enfant dans une famille étrangère, de lui créer un état qui ne lui appartient pas et de mettre ainsi l'arbitraire à la place de la loi ; la règle établie par le Code civil n'est que la répétition de celle que prescrivait la loi de septembre 1792 ; par conséquent les principes émis par l'avis du Conseil d'État du 13 nivôse an X, doivent encore recevoir aujourd'hui leur application... » Nous avons donné ce long extrait de l'arrêt du 25 juillet 1828, parce qu'il résume très nettement la question qui nous occupe.

Qui peut demander en justice l'admission par l'officier de l'état civil d'une déclaration tardive ? Nous trouvons la réponse à cette question dans l'article 99 Code civil, qui nous dit, qu'il devra dans notre cas être statué par le tribunal compétent et sur les conclusions du ministère public. Comme il faut avoir un intérêt pour intenter une action, et que d'un autre côté le ministère public ne peut pas agir par voie de réquisition dans le cas que nous étudions, nous pouvons poser comme principe que les parties intéressées seules ont le droit de demander la réparation de l'absence de déclaration. Ce système très discuté nous paraît cependant ressortir de plusieurs considérations ; d'abord la loi donnant spécialement au procureur de la République la mission de surveiller les officiers de l'état civil, lui enlève celle de demander la rectification des actes. De plus un décret du 18 juin 1811 autorise le ministère public à agir dans deux cas déterminés, quand il s'agit de rectification des actes de l'état civil : lorsque les actes intéressent des familles pauvres qui ne peuvent faire les frais de la demande en rectification — ceci est une exception qui laisse notre principe entier — et pour faire retrancher des actes ce qui serait contraire à l'ordre public. Ce second cas ne peut pas se présenter dans notre matière ; il n'y a pas de retranchement à faire ; il s'agit au contraire de réparer une omission.

Mais, dira-t-on, le ministère public doit, d'après l'avis du Conseil d'État du 12 brumaire an XI, intervenir d'office dans les questions d'état civil. Ce texte est facile à concilier avec le Code civil. Quand il s'agira de poursuivre l'auteur d'un crime ou d'un délit commis à propos d'un acte de l'état civil, le procureur de la République agira ; mais tout droit d'agir lui sera refusé quand, au lieu d'intenter une poursuite, il voudra demander civilement une rectification ou la réparation d'une omission, en dehors des cas exceptionnels que nous avons cités. C'est en effet une règle de notre droit que le ministère public n'agit en matière civile par voie d'action, qu'autant qu'un texte lui en donne la faculté.

La doctrine contraire est soutenue par M. Hutteau d'Origny et reproduite dans l'arrêt de Colmar que nous avons cité. Nous ne pouvons l'admettre. Des considérations d'intérêt général et l'avantage de l'enfant à avoir sa naissance régulièrement constatée ne peuvent pas détruire la force des arguments que nous avons exposés et nous croyons que le ministère public n'est pas recevable à demander l'inscription d'une naissance omise.

Nous avons dit que la circonstance que l'acte de naissance aurait été dressé sur une déclaration tardive, et sans jugement préalable, n'emporterait pas la nullité de l'acte. Cependant il se peut qu'un temps très long, plusieurs années par exemple, se soit écoulé entre la naissance et la déclaration. Si la déclaration avait été faite par une personne autre que le père ou la mère, l'acte que l'officier

aurait commis la faute de recevoir sur une déclaration
aussi tardive ne pourrait être considéré que comme un témoignage que les juges ne seraient pas obligés d'admettre.
Si la déclaration émanait du père ou de la mère, on devrait la considérer comme une reconnaissance plutôt que
comme une acte de naissance (Dalloz. J. G. paternité et
filiation, 212). Cette considération que nous admettons à
une conséquence importante : un enfant naturel naît, et
sa naissance n'est pas déclarée Son père et sa mère se
marient. Peuvent-ils par une déclaration tardive et par
une reconnaissance simultanée de leur enfant dans l'acte
de naissance rédigée sur cette déclaration, légitimer cet
enfant ? Évidemment non. Ce serait là un moyen d'éluder
la règle formelle qui exige pour la légitimation d'un enfant
naturel, que cet enfant ait été reconnu avant le mariage
ou, au plus tard, au moment de sa célébration. La règle
que l'acte de naissance rédigé dans ces conditions est plutôt un acte de reconaissance qu'un acte de naissance a
pour effet d'empêcher une infraction à cette loi. Le principe suivant (Paris, 9 août 1813, Dalloz. J. G. Paternité
et filiation, 135, 213) a un résultat analogue : un acte de
naissance dressé longtemps après l'époque attribuée à la
naissance de l'enfant ne prouve cette naissance que du jour
de sa date. Ceci n'est d'ailleurs qu'une conséquence de
l'analogie qui existe entre cet acte et un acte de reconnaissance. On ne peut, avec ces précautions prises par la loi
faire adoption déguisée et quand on a pas eu d'enfant de
son mariage s'en donner de légitimes au point de vue légal

par une reconnaissance trompeuse ou par la rédaction d'un acte de naissanse dressé sur une déclaration tardive.

53. — Nous allons étudier l'étendue de la déclaration, les faits sur lesquels elle doit et ceux sur lesquels elle peut porter.

Et d'abord en ce qui touche le père, toute cette matière est dominée par le principe de la défense de la recherche de la paternité. Si la déclaration porte que l'enfant est né de gens mariés le nom du père devra être mentionné ainsi que celui de la mère. Que si l'enfant est né d'après les déclarants en dehors du mariage et si le père ne se présente pas en personne ou par un fondé de pouvoir, muni d'une procuration spéciale et authentique, le nom du père ne doit pas être mentionné. On ne doit parler du père absent que s'il y a déclaration de mariage. En dehors de ce cas le père est inconnu et son nom ne doit pas être indiqué. Ce principe a été ainsi posé par M. Siméon, dans son rapport au Tribunat : « Si l'enfant présenté aux officiers de l'état civil est né de parents qu'on leur dit mariés, ils le déclareront ; s'il est né, hors mariage, d'un père qui l'avoue, ils le déclareront; s'il est né, hors mariage d'un père qui ne l'avoue pas, ils ne feront pas mention du père : car ce qui doit être déclaré par les parties, c'est un père certain, ou par le mariage, ou par son aveu ; ce n'est point un père qui se cache, et dont la loi ne permet pas la recherche. »

Quant au nom de la mère il y a discussion sur le point de savoir si en dehors du mariage on doit ou l'on peut l'insérer. Nous reviendrons sur cette question à propos des énonciations que doit contenir l'acte de naissance (art. 57, C. civ.). Nous devons cependant dès à présent indiquer l'objet de la discussion et poser le système que nous adoptons, ce point se rattachant immédiatement à la théorie de la déclaration.

L'article 35 Code civil fixe la limite des déclarations que l'officier de l'état civil doit mentionner à celles que les déclarants doivent lui faire. Il résulte de cet article que, sauf dans le cas où la déclaration est faite par le père qui avoue sa paternité, on ne devrait jamais mentionner, dans le cas de naissance naturelle, le nom du père ni celui de la mère, la mère n'intervenant jamais en fait dans la rédaction de l'acte de naissance (voir cependant le n° 47, *in fine*). Cette opinion basée sur la loi n'a cependant pas été adoptée sans difficulté par la jurisprudence. Plusieurs arrêts ont regardé le silence sur la désignation de la mère comme un motif suffisant de poursuites criminelles, et cette désignation, lorsque, bien entendu, le nom de la mère était connu du déclarant, comme un des éléments essentiels de la déclaration. Nous considérons cette doctrine comme contraire à la loi et très dangereuse. Certaines décisions l'ont cependant appliquée dans des cas où elle acquiert une gravité exceptionnelle ; des médecins ont reçu l'ordre de désigner le nom de la mère qui ne leur avait été révélé que comme secret professionnel, sous prétexte que le devoir du secret devait, en pareil cas, céder devant l'obligation plus large de garantir l'état civil des enfants nouveau-nés.

Au point de vue juridique cette doctrine était basée sur cette considération que c'était la naissance qui devait être déclarée, et que la naissance était un fait complexe comprenant non-seulement l'accouchement, mais encore la filiation, au moins en ce qu'il n'est pas contraire aux lois de rendre public, c'est-à-dire, dans l'espèce, la désignation du nom de la mère. Cette doctrine nous paraît critiquable. D'abord étendre ainsi le sens du mot naissance est arbitraire. La naissance est un fait matériel ; c'est la mise au monde du nouveau-né. La filiation est un rapport qui existe entre deux personnes. Il n'y a entre la signification de ces deux mots une différence profonde et c'est commettre une erreur grave que les confondre. Quant aux motifs pratiques sur lesquels la jurisprudence a basé ces décisions, ils n'ont pas plus de valeur que celui que nous venons d'examiner. L'avantage qu'aurait l'enfant à avoir un acte de naissance désignant sa mère n'est pas décisif, sa mère pouvant au moyen d'un désaveu faire évanouir l'indication de l'état civil. Ne serait-il pas à craindre d'ailleurs, si cette mention était obligatoire, de voir la mère se rendre coupable d'un infanticide plutôt que de voir son nom livré au public ? La recherche de la maternité ne pourrait-elle pas d'ailleurs supprimer les inconvénients du silence de l'acte de naissance ? L'avantage de l'enfant constamment invoqué par nos adversaires n'est donc pas en cause ici, le système que nous défendons offrant bien plus de garantie au nouveau-né que celui que nous combattons.

Voici des espèces que la jurisprudence a résolues dans le sens que nous critiquons.

Un docteur-médecin présente un enfant à l'officier de l'état civil et demande qu'on l'inscrive comme né de père et mère inconnus. Interpellé de faire connaître les prénoms, noms, professions et domicile des père et mère de cet enfant, ou de la mère seulement, si l'enfant était né hors du mariage, le docteur s'y refuse. Or le refus de cette déclaration est considéré comme rentrant dans le délit prévu et puni par l'article 346 Code pénal, qui se trouve dans une section dont le titre indique qu'il a pour but de punir le fait d'empêcher la preuve de l'état civil de l'enfant. Ce fait consiste à ne pas déclarer ce qui constitue cet état civil dont la désignation de la mère est un élément essentiel. L'article 478 Code pénal ne défend d'ailleurs aux médecins, officiers de santé et sages-femmes de révéler le secret professionnel que lorsqu'une disposition formelle de la loi n'ordonne pas de le révéler, et il n'établit la protection du secret professionnel qu'en conciliant cette protection avec les garanties accordées par l'article 346, Code pénal, à l'enfant. Le docteur qui a assisté à l'acouchement doit donc, sous peine de se voir appliquer l'article 346 Code pénal, désigner le nom de la mère (C. de Dijon, ch. cor. 14 août 1840).

Voici une autre décision rendue dans le même sens :

Un officier de santé refuse de faire la déclaration du nom de la mère d'un enfant né chez lui. Il est condamné avec les considérants suivants : « Considérant que, à défaut du père, la déclaration de la naissance doit être faite par les personnes de l'art ou les autres personnes qui ont assisté à l'accouchement, et, si la mère est accouchée hors de son domicile, par la personne chez laquelle elle est accouchée ; Que cette déclaration ne fait qu'un avec l'acte de naissance, qui doit contenir plusieurs énonciations parmi lesquelles se trouve celle des noms du père et de la mère ; Que ces dispositions sont prescrites dans l'intérêt public et dans celui de l'enfant dont l'état civil doit être protégé par la loi ; Que, lorsqu'il s'agit de filiation naturelle, la déclaration du nom de la mère est de la plus grande importance ; Qu'en présence de l'article 56 Code civil les dispositions de l'article 378 Code pénal sont sans application. Que l'article 56 Code civil a trouvé une sanction dans l'article 346 Code pénal. Par ces motifs.... »

Cet arrêt dont nous n'avons donné que les parties essentielles a le tort de confondre l'acte de naissance avec la déclaration qui lui sert de base, et de ne pas faire entrer dans les considérations générales tirées de l'avantage de l'enfant, la sécurité qu'il y a pour son existence à ne pas exiger la mention du nom de la mère. Aussi nous en tenons-nous à notre opinion qui a été consacrée par de nombreuses décisions et particulièrement par un arrêt de la cour suprême du 16 septembre 1843. L'espèce était analogue à celle que nous venons de citer. La seule différence consistait en ce que l'enfant n'était pas né chez le docteur qui n'était tenu de la déclaration que comme docteur et non comme hôte de l'accouchée. Malgré le réqui-

sitoire éloquent de M. l'avocat général Quénault qui déve-
loppa les considérants de l'arrêt de Dijon, que nous venons
de citer, la Cour de cassation plaça la question sur son
véritable terrain et rendit l'arrêt suivant :

« Attendu que l'article 56 Code civil n'impose aux personnes y dénommées qu'une obligation formelle, celle de
déclarer la naissance de l'enfant à laquelle elles auront
assisté ; Que cet article n'exige pas que l'on déclare les
noms des père et mère de l'enfant ; Que les dispositions de l'article 56 précité ne sauraient être étendues,
alors surtout qu'il s'agit d'appliquer l'article 346 Code pénal qui leur sert de sanction ; attendu que, dans l'espèce,
il est constant en fait qu'il avait été déclaré à l'officier de
l'état civil, dans le délai fixé par l'article 55 Code civil le
fait de la naissance de l'enfant auquel le prévenu avait
assisté en qualité de médecin-accoucheur, ainsi que le sexe
de cet enfant et les prénoms qui lui étaient donnés ; attendu
que le refus de déclarer le nom de la mère de cet enfant
n'a pas constitué une contravention aux dispositions des
articles 346 Code pénal, 56 et 57 Code civil, par ces motifs...... »

Depuis, la Cour de cassation a rendu plusieurs arrêts
analogues. Elle a plusieurs fois posé en principe que la
personne qui a assisté à une naissance a rempli son obligation de déclarer la naissance lorsqu'elle a déclaré le fait
matériel de l'accouchement, dans les délais prescrits dans
l'article 55, et qu'elle n'est en rien tenue de fournir les
indications mentionnées dans l'article 57, C. civ. Et elle a

spécialement appliqué ce principe au cas où la déclaration de la naissance est faite par un médecin ou une sage-femme chez qui l'accouchement a eu lieu et qui n'ont connu le nom de la mère qu'à raison de l'exercice de sa profession. Mais dans cette hypothèse l'article 378 est appliqué et ce n'est pas le principe que nous défendons qui est uniquement invoqué (C. cass. ch. Req. 1 juin 1844). Après ces arrêts de la Cour de cassation nous ne croyons pas devoir analyser de nombreux arrêts de cours d'appel qui consacrent le système que nous défendons, mais qui s'appuient sur les mêmes motifs que les décisions examinées.

54. — Après avoir exigé la déclaration de la naissance, l'article 55, C. civ. parle de la présentation de l'enfant à l'officier de l'état civil comme d'un élément nécessaire à la rédaction de l'acte constatant la naissance. La loi est formelle ; elle se justifie d'ailleurs parfaitement et les conséquences déplorables de la négligence que les officiers de l'état civil ont quelquefois apportée à cette partie de leurs fonctions prouve bien que le législateur a agi sagement en introduisant cette disposition dans le Code.

L'article 55 reproduit une règle de la loi du 20 septembre 1792. Mais cette règle a été modifiée en passant dans le Code et nous ferons ressortir les conséquences de cette modification. Voici l'article 6 de la loi de 1792, à laquelle nous faisons allusion : « L'enfant sera porté à la maison commune, ou autre lieu public servant aux séances de la commune ; il sera présenté à l'officier public. En cas de péril imminent, l'officier public sera tenu, sur la réquisisition qui lui en sera faite, de se transporter dans la maison où sera le nouveau-né. » Cet article pouvait dans certains cas présenter des dangers. Le transport de l'enfant du lieu où il est né à celui où se rédigent les actes de l'état civil et où il doit être présenté à l'officier public peut, à cause de la longueur du trajet ou de l'inclémence de la saison, porter atteinte à la vie ou au moins à la santé du nouveau-né. Le législateur l'avait compris et avait introduit dans la règle un tempérament indipensable : l'officier public devait aller constater la naissance à l'endroit où l'accouchement avait eu lieu, quand l'enfant aurait dû souffrir de la présentation à la maison commune.

Cette restriction était inutile dans le Code, qui n'ordonne pas, comme le faisait la loi de 1792, le transport de l'enfant à la mairie. L'article 55 dit simplement que le nouveau-né sera présenté à l'officier public ; mais il ne fixe pas le lieu où cette présentation doit avoir lieu. On voit la différence qui existe entre les deux textes. Cette différence est cependant théorique plutôt que pratique. La réserve que faisait le droit intermédiaire, pour le cas où le transport de l'enfant présenterait des dangers, atténuait singulièrement l'obligation d'effectuer ce transport, et rapprochait en somme beaucoup ce droit de notre législation actuelle. Néanmoins tandis que l'une de ces dispositions enjoignait à l'officier public d'aller constater au lieu de l'accouchement la naissance de l'enfant, l'autre se tait sur ce point et par son silence ne fait que le lui permettre.

Lorsque l'officier public va constater la naissance hors

de la maison commune, le lieu où l'acte a été dressé doit être mentionné et il doit en être de même des motifs du déplacement de l'officier public.

55. — L'article 55 a donné lieu à de nombreuses et très vives polémiques. Son application très difficile dans bien des cas a motivé de nombreuses mesures administratives. Nous allons les examiner. Un point sur lequel tous les auteurs sont d'accord c'est la différence qui existe entre le droit intermédiaire et l'article 55 au point de vue de l'obligation du transport de l'enfant. Les auteurs du Code civil ont supprimé cette obligation, parce que, en se bornant à décider que l'enfant serait présenté, sans spécifier le lieu, ils ont voulu que la loi laissât à cet égard la plus grande latitude (Procès-verbal de la *Séance du conseil d'État* du 12 ventôse an XI).

Quelques auteurs ont conclu de cette liberté laissée par la loi que la présence de l'enfant au lieu où se rédige l'acte n'est pas formellement ordonnée par la loi. De ce que Réal (Procès-verbal de la *Séance du conseil d'État* du 6 fructidor an IX) avait dit, que la présentation était inutile parce que l'acte tirait sa force de la déclaration appuyée de deux témoins et non de la présence de l'enfant, présence à laquelle certains obstacles naturels pouvaient s'opposer, ils ont déduit que la présence de l'enfant était inutile et qu'elle n'ajouterait aucune force à l'acte constatant sa naissance (Locré, *Esprit du Code Napoléon*. Dalloz aîné, *répertoire général*). Cette théorie tire un argument décisif de la nature même des choses ; la preuve que la déclaration des témoins et la signature de l'officier public sont les seuls éléments essentiels de l'acte de naissance c'est que la présentation peut n'être qu'illusoire et qu'il est toujours possible de présenter un enfant appartenant à d'autres parents qu'à ceux à qui on l'attribue. Des arrêts ont été rendus dans ce sens.

Ce principe que la présence de l'enfant n'est pas un élément indispensable à la rédaction de l'acte de naissance étant admis, nous pouvons en tirer la conséquence suivante : rien ne s'oppose à ce que la présentation ait lieu à l'endroit où la mère est accouchée. L'article 55, Code civil, qui ordonne très justement que l'enfant soit présenté à l'officier de l'état civil ne dit pas que la présentation se fera dans un lieu plutôt que dans un autre. Il n'est pas nécessaire que l'enfant soit examiné auprès des registres de la mairie et qu'au besoin on le transporte pour cela à une grande distance. Si la loi du 20 septembre 1792 existait encore, nous ne pourrions évidemment pas, malgré la restriction qu'elle faisait au principe de la présentation à la maison commune qu'elle venait de poser, admettre le système que nous défendons. Mais le Code ne consacre pas le principe de la présentation à la mairie. Son silence sur cet objet laisse à l'administration une liberté complète. Il n'y a plus, comme dans l'article 6 de la loi de 1792, à distinguer entre le péril imminent et le péril non imminent. Ce point pourra donc, sans difficulté, être réglé par l'autorité administrative supérieure, sans qu'elle ait besoin de recourir au pouvoir législatif (Valette, *Gazette des tribunaux*, n° du 9 septembre 1845).

Ce pouvoir de régler la présentation de l'enfant, que M. Valette attribuait au pouvoir administratif a, en effet, été dans bien des villes considéré comme sien par l'administration qui, par de nombreux arrêtés, a organisé la présentation de l'enfant. Divers modes d'examen ont été admis selon les localités, et tandis que dans les unes l'officier public conservait l'habitude de procéder lui-même à cet examen, dans les autres il déléguait ce soin à un employé.

L'examen du nouveau-né n'est pas sans offrir souvent des difficultés. La question de savoir si un enfant, mort quand on le présente, est né vivant et viable ou non, ne peut quelquefois être résolue que par un médecin. Des cas d'hermaphrodisme peuvent embarrasser aussi la personne à qui la présentation est faite, et si une erreur est commise dans l'indication du sexe de l'enfant, il peut en résulter pour lui des situations fort ennuyeuses qu'il est bon d'éviter autant que possible. Pour ces raisons, c'est généralement par un médecin que se fait remplacer dans la constatation des naissances, l'officier de l'état civil qui ne les constate pas lui-même. Un homme de l'art peut facilement et sûrement résoudre les questions qu'un officier public ne connaît souvent en rien, et cette manière très large et très juridique à la fois d'appliquer l'article 55 n'a produit que d'excellents résultats.

Il existait un précédent, en matière de décès, qui a servi de modèle au service de la vérification des naissances. La loi de 1792 ordonnait à l'officier de l'état civil de se transporter auprès des personnes décédées et d'en constater le décès avant de dresser l'acte sur les registres-doubles. Cette règle avait deux inconvénients. L'aversion qu'inspire la vue des cadavres faisait que souvent elle n'était pas exécutée et son inexécution, ou son exécution par une personne incapable de juger si un décès était ou non réel, pouvait amener l'inhumation de personnes vivantes. Aussi une interprétation meilleure des termes du Code vint-elle bientôt modifier l'application de la loi et dès le 21 vendémiaire an XI, un arrêté de Frochot déclara que les officiers de l'état civil étaient incapables de constater les décès et il prévint les erreurs en confiant à des médecins, délégués des officiers de l'état civil, le soin de se transporter auprès des personnes décédées.

Le Code trouva cet usage en vigueur et n'y porta aucune modification ; il laissa dans le domaine de l'administration le soin de réglementer le mode de vérification des décès (art. 77).

Ce que le Code a fait pour les décès, il est utile, il est juridique de le faire pour les naissances. Les motifs sont mêmes plus énergiques, s'appliquant à ce dernier cas. La santé de l'enfant sera en effet compromise par le transport à la mairie bien plus souvent qu'on ne verra se présenter le fait terrible, mais très rare, de l'inhumation d'une personne vivante. La visite au domicile de l'accouchée d'un médecin qui enlèvera à l'indication de l'acte à dresser toute chance d'erreur sera une garantie de plus de la bonne exécution de la loi, qu'elle fortifiera plutôt qu'elle n'y portera atteinte.

On a fait une objection à ce mode de vérification des naissances : l'introduction d'un agent de l'administration dans les familles, qui ont peut-être leur honneur engagé à ne pas divulguer le nom de la mère du nouveau-né, mettra ces familles dans la double alternative de divulguer un secret qu'elles ont un très grand intérêt à cacher ou de faire disparaître l'enfant. Cette objection n'a pas de fondement. La vérification à domicile de la naissance d'un enfant par une personne, habituée par sa profession même à la garde d'un secret, présentera en effet moins de danger et de chances de scandale que le transport de l'enfant à la mairie, et les familles seront vite habituées à une formalité qui sauvegarde en même temps l'intérêt des enfants et la dignité des familles.

Dans les localités où ce mode de constatation des naissances n'a pas été administrativement organisé, ou l'on présente l'enfant à la mairie, ou l'on requiert l'officier de l'état civil de venir constater la naissance au lieu de l'accouchement. Dans ce dernier cas, les registres devront être transportés en ce lieu pour permettre la rédaction de l'acte. Si pendant ce temps un enfant est présenté à la mairie, ou si on a besoin des registres pour quoi que ce soit, le service sera interrompu. Aussi qu'arrive-t-il en fait ? Surtout dans les petites villes et dans les communes rurales, la présentation n'a pas lieu. L'officier de l'état civil connaissant dans les localités peu importantes tous ses administrés, les inconvénients de cet état de choses sont amoindris, l'officier public sachant la foi qu'il peut avoir dans le déclarant et dans les témoins. Mais pour être diminués les inconvénients ne cessent pas d'exister. D'abord la confiance de l'officier peut toujours être surprise ; ensuite on ne doit pas se fier complètement à l'intelligence des déclarants et c'est évidemment à leur ignorance qu'on doit presque toujours imputer les erreurs grossières que l'on rencontre souvent dans les registres. Les erreurs sur le sexe des enfants, qui sont relativement fréquentes, ne se produiraient jamais (sauf dans des cas exceptionnels où les hommes de l'art peuvent eux-mêmes hésiter) si on transformait le mode d'application de l'article 55 Code civil.

Dans les grandes villes la présentation se fait régulièrement, mais elle est une gêne pour les familles et un danger pour les nouveau-nés ; aussi la constatation des naissances à domicile tend-elle à se généraliser. Versailles est l'une des premières villes où elle ait été établie. Depuis lors Paris et un grand nombre de localités importantes ont adopté ce mode d'application de la loi et il est à souhaiter que bientôt il soit partout mis en usage.

56. — La déclaration de la naissance n'est complète que si la présentation de l'enfant a eu lieu. Il faut que ce complément indispensable de la déclaration se produise dans le délai fixé par l'article 55. Si l'enfant n'est pas présenté, quoique la déclaration de la naissance ait été faite, avant l'expiration de ce délai, la personne tenue de faire la déclaration est passible des peines édictées par l'article 346 Code pénal. Voici une espèce que la Cour de cassation a résolue dans ce sens : Le père d'un enfant nouveau-né se

présente à l'officier de l'état civil pour déclarer la naissance de son enfant et se retire, promettant de revenir le lendemain avec son enfant et l'acte de célébration de son mariage. Le lendemain, au lieu de remplir sa promesse, il disparaît et l'acte de naissance ne peut être rédigé, faute de renseignements suffisants. La déclaration du père est déclarée par la cour, incomplète, parce qu'elle n'a pu servir de base à la rédaction de l'acte de naissance, suivant les prescriptions de l'article 57 Code civil. Dès lors le père ne peut être considéré comme s'étant conformé à l'article 56 du même Code, dans le délai fixé par l'article 55.

Cet arrêt est conforme aux principes et ne nous paraît en rien critiquable.

57. — Qu'adviendra-t-il de l'acte de naissance d'un enfant qui n'a pas été présenté à l'officier public? Le défaut de présentation qui entraîne déjà une peine pour la personne obligée de faire la déclaration viciera-t-il et rendra-t-il nul l'acte de naissance, atteignant ainsi l'enfant qui n'est pas coupable et de l'état duquel la preuve sera supprimée? Nous ne le pensons pas. La présentation est une garantie qui prévient les abus qui pourraient s'introduire dans la rédaction de l'acte, mais n'est pas un des éléments constitutifs de cet acte, qui n'a réellement pour bases que la déclaration corroborée par la présence des témoins et l'intervention d'un officier public (Voir le n° 55). Cela est si vrai que l'inutilité de la présentation a été soutenue au Conseil d'État et que ce n'est que comme surcroît de précaution que la présentation fut prescrite. Comment

donc admettre que son défaut puisse vicier l'acte de naissance et qu'une formalité qui n'est pas encore très régulièrement observée soit indispensable à sa validité? Cette doctrine ne serait pas conforme à la lettre de la loi qui ne sous-entend jamais les causes de nullité. Elle ne serait pas non plus conforme à son esprit. Le législateur a en effet cherché par tous les moyens possibles à assurer la constatation des naissances et afin que les nouveau-nés ne soient pas privés d'état civil, il a eu le soin de ne prescrire aucune formalité à peine de nullité. Son silence à cet égard n'est pas le résultat d'une omission : il est voulu. Adopter l'opinion contraire serait méconnaître l'esprit du Code. La jurisprudence a d'ailleurs consacré la doctrine que nous soutenons. Voici une espèce résolue dans ce sens :

Un enfant naît. On rédige son acte de naissance sans qu'il soit présenté. Il meurt et on l'inhume. Son acte de naissance, quoique la présentation n'ait pas eu lieu, est déclaré valable (Angers, 25 mai 1822). Cet arrêt faisait cependant une réserve au principe posé. Il n'admettait pas que, l'enfant n'ayant pas été présenté à l'officier de l'état civil, l'acte de naissance fît de la naissance et surtout de la viabilité, foi aussi entière que si la présentation eût eu lieu, et en cas de contestation il déclarait possible la preuve testimoniale. Nous approuvons cette restriction conforme aux principes. Il est en effet admis que les actes de l'état civil peuvent être combattus par toutes sortes de moyens et spécialement par la preuve testimoniale quant à l'énonciation des faits autres que ceux que l'officier public déclare avoir vus et entendus ; or, dans l'espèce, c'est l'affirmation d'un témoin que l'on discute et non celle de l'officier public. Nous adoptons donc la manière de voir de la Cour d'Angers (Voir n° 65).

58. — On a demandé sur quoi devait porter l'examen de l'officier de l'état civil. Certains auteurs ont conclu de la nécessité de la présentation que cette présentation devait porter non-seulement sur l'existence d'un enfant nouveau-né, mais encore sur le sexe de cet enfant. C'est en effet le seul moyen de retirer de la présentation toute son utilité (Hutteau d'Origny), Nous repoussons cette opinion comme contraire aux termes du Code. Notre droit actuel a reproduit bien des dispositions de la loi de 1792, les rédacteurs du Code ont eu le soin de bien indiquer toutes les questions sur lesquelles le droit nouveau devait s'écarter du droit intermédiaire. C'est ainsi qu'ils ont supprimé la nécessité de porter l'enfant à la maison commune ; c'est ainsi qu'ils ont supprimé, par le silence même qu'ils ont gardé à son égard, la règle par laquelle la loi de 1792 enjoignait aux officiers de l'état civil l'ordre de vérifier le sexe des nouveau-nés. Mais ce que le législateur a jugé à propos de supprimer nous croyons qu'il eût été prudent de le maintenir. Nous ne considérons pas la vérification du sexe comme une formalité obligatoire, mais comme une mesure prudente dont les officiers de l'état civil feront bien de ne pas s'abstenir, pour que le nombre des erreurs qui se glissent dans la rédaction des actes soit aussi restreint que possible (Coin-Delisle).

59. — Il est interdit de faire précéder des cérémonies religieuses la célébration civile du mariage et la rédaction de l'acte destiné à en perpétuer le souvenir. Cette prohibition a été inspirée par la crainte de voir des personnes ne pas reconnaître la séparation de la loi civile et de la loi religieuse et l'existence du mariage comme contrat civil et ne faire célébrer leur union qu'à l'église. Elle ne portait d'ailleurs aucune atteinte à la liberté de conscience, tout le monde pouvant faire bénir son mariage par un prêtre après l'avoir fait célébrer à la mairie. Il n'en était nullement de même à propos de la naissance et la loi a adopté un principe contraire à celui qui régit le mariage. La constatation de la naissance peut être précédée des cérémonies du baptême précisément parce que la faiblesse de l'enfant et les dangers que lui feront courir le transport à la mairie et les formalités de la présentation peuvent faire craindre de le voir mourir d'un instant à l'autre, et que ce serait porter atteinte aux convictions religieuses des parents que de les empêcher de faire baptiser leur enfant dès sa naissance et avant même que sa naissance soit constatée. La fragilité de la vie pendant les quelques jours qui suivent l'accouchement est si grande, qu'on n'a pas voulu subordonner la possibilité de conférer le baptême à l'accomplissement de formalités qu'on a trois jours pour remplir et qui peuvent occasionner un retard inquiétant pour les parents religieux.

60. — Les énonciations que doit contenir l'acte de naissance sont indiquées dans l'art. 55, c. civ. : « L'acte de naissance énoncera le jour, l'heure et le lieu de la nais-

sance, le sexe de l'enfant, et les prénoms qui lui seront donnés; les prénoms, noms, profession et domicile des père et mére, et ceux des témoins. »

Il peut arriver que la mention de l'heure fasse défaut dans l'acte de naissance. Quand elle n'a pas été faite, la preuve de l'heure de la naissance est régie par l'art. 46, c. civ., et peut être faite par témoins. Voici l'espèce que la Cour de Caen a résolue dans ce sens le 17 aout 1843 :

Deux jumeaux, Pierre et Louis, sont inscrits sur les registres de l'état civil dans un acte unique ainsi conçu : « Acte de naissance de Pierre et Louis, frères jumeaux, nés le 10 juillet 1822 à . . . deux heures du . . . dressé sur la réquisition à nous faite par le père des dits enfants. . . . » Ils tirent au sort en même temps ; Pierre à un numéro très bas, Louis a un numéro très élevé. Ayant perdu son père, et sa mère vivant encore, Pierre réclame la qualité de fils aîné de veuve, à laquelle l'exemption est attachée et cite son frère Louis pour faire constater l'existence de cette qualité à son profit. Il demande à être admis à prouver par témoins qu'il est né trois quarts d'heure avant son frère. Un des jeunes gens faisant partie de la même classe que les jumeaux demande à intervenir dans les débats et base son intervention sur ce fait que si Pierre était exempté il serait appelé au service. Le 26 juillet 1843 le tribunal de Caen admet l'intervention du tiers et ordonne la preuve de l'antériorité de la naissance de Pierre. On fait appel de ce jugement. Voici quelques extraits de l'arrêt : «...Considérant qu'il ne s'agit pas de créer pour les jumeaux un acte de naissance ; que cet acte existe sur les régistres de l'état civil ; que seulenent il n'indique pas l'heure de la naissance, comme l'exige l'art. 57, c. civ. ; que la demande n'a pour objet que de faire réparer cette omission, et qu'aucune disposition de la loi ne s'oppose à l'admission de la preuve testimoniale, pour parvenir à une pareille rec- tification ; . . . . Considérant que la possession d'état de fils ainé n'est pas un moyen qui puisse conduire directe- ment à la rectification demandée de l'acte de naissance du 10 juillet 1822, mais que pourtant elle fournirait une puis- sante présomption . . . . et corroborerait les témoignages qui déposeraient de cette antériorité de naissance . . . . Par ces motifs . . . . Admet Pierre à prouver tant par titres que par témoins qu'il est né le 10 juillet 1822 trois quarts d'heure avant Louis son frère. . . . . . »

La solution de cette espèce est conforme au principe de l'article 46, C. civ. et nous la croyons très juste.

61. — L'article 57 dit que l'acte de naissance énoncera les prénoms donnés à l'enfant. Sous l'empire de la loi de 1792 (titre 3, art. 7), il en était de même ; mais une différence sépare les dispositions de cette loi de celles qui sont aujourd'hui en vigueur. L'article 57 a en effet été complété par la loi du 11 germinal, an XI, qui a déter- miné les noms qui pourraient servir de prénoms aux en- fants. Cette loi avait été inspirée par le désir où était le législateur de réprimer les abus produits par la liberté abso- lue du choix des prénoms dont on jouissait avant sa pro- mulgation. Les noms les plus ridicules étaient donnés aux

enfants. Il était arrivé aussi que, dans les époques trou-
blées qu'on venait de traverser, on avait donné des prénoms indécents ou rappelant les personnages les plus odieux
de l'histoire. L'article 1er de la loi précitée mit fin à ces
scandales : « A compter de la publication de la présente
loi, les noms en usage dans les différents calendriers, et
ceux des personnages connus de l'histoire ancienne, pourront seuls être reçus, comme prénoms, sur les registres de
l'état civil destinés à constater les naissances des enfants,
et il est interdit aux officiers publics d'en admettre aucun
autre dans leurs actes. » Cette loi réglait non-seulement le
présent et l'avenir, mais encore le passé. Elle permettait
à toute personne portant un prénom qui ne rentrait pas
dans la désignation précédente de demander à en changer,
et elle ordonnait de faire faire cette rectification par un
jugement du tribunal d'arrondissement.

Cette loi a produit d'excellents effets. Elle n'est cependant pas parfaite. Elle avait voulu éliminer les prénoms
choquants et elle était allée trop loin en défendant de les
choisir parmi les noms des hommes célèbres des temps
modernes. De plus, au moins en fait, elle était incomplète,
car elle ne réglait pas, par exemple, la question des prénoms en usage chez les Juifs. Un décret du 20 juillet 1808
combla cette lacune et posa des règles particulières pour
les noms et prénoms des Israélites. Nous préférons à notre
loi de l'an XI, la législation plus large qu'on avait adoptée
dans le royaume de Naples, où le Čode civil était en
vigueur, mais où la loi de germinal n'était pas applicable.

Les parents pouvaient à Naples, donner à leurs enfants les prénoms qu'ils voulaient. Une seule règle venait restreindre la liberté de leur choix : il ne pouvait pas être choisi un nom indécent ou ridicule. Nous approuvons sans réserve cette réglementation.

62. — L'article 34, C. civ. ajoute une énonciation à celles que l'article 57 ordonne d'insérer dans l'acte de naissance qui devra mentionner, non-seulement les prénoms, noms, professions et domicile des père et mère de l'enfant, mais encore leur âge.

Quant au mariage du père et de la mère, nous ne croyons pas qu'il doive en être fait mention dans l'acte de naissance. Selon M. Hutteau d'Origny, l'officier de l'état civil peut, il doit même exiger la déclaration si les père et mère sont mariés. Nous ne partageons pas son avis sur ce point. La loi n'ordonne pas de faire mention du mariage des père et mère dans l'acte de naissance, et son silence à cet égard équivaut à une défense de faire cette mention. Article 35, Code civil. Si la mention du mariage a été faite on pourra la faire tomber, si elle est fausse, sans recourir à l'inscription de faux et par les moyens ordinaires. Certains auteurs blâment avec raison le législateur de ce qu'il n'a pas fait entrer cette énonciation dans celles que doit contenir l'acte de naissance. C'est d'ailleurs un usage presque constant de contrevenir à l'article 57, Code civil, et d'exprimer dans l'acte de naissance le mariage des père et mère.

Dans une opinion due à Toullier, on considère le mariage comme ne devant être déclaré qu'autant qu'il est avoué par la mère. Ce système nous paraît arbitraire. Il repose sur une distinction que nous ne trouvons nulle part dans nos lois et que nous ne pouvons admettre.

Le système de M. Hutteau d'Origny que nous repoussons comme contraire aux textes, nous paraît excellent au point de vue législatif, et son auteur en tirait des conséquences que nous voudrions voir se réaliser. C'est ainsi qu'on pourrait obtenir, à titre de renseignement, l'acte de mariage des père et mère, acte dont la représentation à l'officier de l'état civil permettrait de transcrire sans erreur, les noms et prénoms des parents. Dans notre système, qui est celui de la loi, cette mesure excellente ne peut pas être imposée. Si le législateur avait exigé la déclaration du mariage des père et mère, la précision des actes de l'état civil y eût gagné, de même que la confiance qu'ils inspirent.

63. — Lorsque l'enfant dont la naissance est déclarée est né de mère mariée, la loi, par une présomption déjà admise en droit romain, regarde la paternité du mari de la mère comme certaine. Il est pourtant possible que cette présomption ne soit pas fondée, auquel cas le mari ou ses héritiers peuvent intenter l'action en désaveu. Mais l'exercice de cette action est exceptionnel, et d'ailleurs l'effet produit par la présomption est un effet produit immédiatement et sous la condition résolutoire de l'exercice de l'action en désaveu ; aussi considérons-nous le nom du mari de la mère mariée comme devant être mentionné dans l'acte de naissance. C'est ce que pense sur ce point M. Demolombe.

Si l'enfant dont on déclare la naissance est un enfant naturel, nous avons dit que le père pouvait personnellement, ou par l'intermédiaire d'un mandataire, se faire connaître et faire mentionner son nom dans l'acte de naissance.

Il n'en serait plus de même, si cette mention constituait la constatation d'un adultère ou d'un inceste (art. 335 et 342 C. civ.). L'officier de l'état civil devra rejeter, de quelque personne qu'elle vienne, une déclaration dans ce sens. Ce principe avait été admis par le droit intermédiaire. Une femme mariée avait déclaré que l'enfant dont elle était devenue mère était d'un autre que son mari. L'officier public refusa de recevoir cette déclaration. La Convention, par le décret du 19 floréal, an II, approuva ce refus : « Considérant qu'il est dans les principes de notre législation que la loi ne reconnaît d'autre père que celui qui est désigné par le mariage ; qu'une déclaration contraire est immorale, et qu'une mère ne saurait être admise à disposer à son gré de l'état des enfants de son mari ; .... » Les motifs invoqués par la Convention sont encore vrais de tous points aujourd'hui. Nous avons dans le même sens un arrêt de Besançon (4 août 1808), qui dit que l'enfant né d'une femme mariée ne peut être inscrit comme né d'elle et d'un autre que son mari.

Si l'enfant est un enfant naturel simple, le père peut faire connaître son nom, mais en est-il de même du nom de la mère ? Et si on peut mentionner son nom dans l'acte de naissance est-ce une simple faculté ou une obligation pour l'officier de l'état civil, qui peut dès lors exiger des déclarants le nom de la mère? La question est controversée. Nous l'avons posée sous le n° 53 ; nous allons la développer.

Dans un premier système on soutient que l'officier de l'état civil peut exiger des déclarants le nom de la mère et qu'il doit le mentionner dans l'acte de naissance. Ce système souvent suivi dans la pratique est consacré par plusieurs arrêts. Nous le combattons énergiquement. Voici les arguments invoqués par ses défenseurs :

La mention du nom de la mère dans l'acte de naissance est ordonnée par la disposition très générale de l'article 57 Code civil. Cette mention est de plus imposée par l'intérêt de l'enfant. Dans l'opinion généralement reçue on considère en effet comme une preuve suffisante de la maternité l'indication du nom de la mère dans l'acte de naissance, à la condition toutefois que l'identité de l'enfant sera établie d'une manière quelconque et par exemple par la possession d'état.

Dans un second système, on soutient que l'officier de l'état civil ne doit pas exiger des déclarants le nom de la mère, qu'il doit seulement le mentionner si les déclarants l'indiquent. Cette indication est dans tous les cas utile au nouveau-né, même dans le système dans lequel la mention du nom de la mère dans l'acte de naissance n'est d'aucune utilité, ne pouvait ni prouver la maternité, ni servir de commencement de preuve par écrit. Elle montre de quel côté l'enfant doit tourner ses recherches et par cela seul elle peut lui permettre de retrouver sa mère. D'un autre côté elle n'est prescrite par aucune loi, aussi ne peut-on l'exiger des témoins. Mais si ceux-ci la donnent, l'officier public doit l'insérer parce qu'il doit mentionner dans l'acte toutes les déclarations qui rentrent dans l'esprit de la loi, bien qu'elles ne soient pas prescrites par elle.

Dans un troisième système on ne reconnaît à l'officier de l'état civil ni l'obligation, ni la faculté de mentionner le nom de la mère naturelle. L'article 57 Code civil ne se rapporte qu'aux cas de naissances légitimes. L'obligation de mentionner le nom du père l'indique suffisamment. Si cet article s'appliquait aussi aux naissances d'enfants naturels on devrait exiger la mention du nom du père dans les actes de naissance de ces enfants et personne n'admet cette conséquence rigoureuse de la généralité des termes de l'article que nous examinons. Au point de vue pratique, l'obligation ou la possibilité de la mention du nom de la mère, au lieu d'être utile à l'enfant, comme le soutiennent les partisans des deux premiers systèmes, ne lui serait que funeste, car la crainte du déshonneur pousserait souvent à l'infanticide des mères qui ne seraient pas criminelles, si elles étaient certaines que leur nom ne doit, ni ne peut être rendu public. Cette considération doit nous faire rejeter les deux premiers systèmes qui tendant à des degrés divers à la protection des intérêts de l'enfant, produiraient un résulta contraire à celui qu'en attendent leurs partisans. L'article 35 Code civil est d'ailleurs formel. Il défend d'insérer dans un acte de l'état civil aucune indication autre que celles qui sont prescrites par les lois. Cet article a pour but d'éviter les énonciations inutiles, qui surchargeraient l'acte ou le rendraient obscur et celles qui pourraient être dangereuses, soit pour les familles, dont elles troubleraient la tranquillité, soit pour l'enfant à la sécurité de qui elles porteraient atteinte. Il est évidemment des mentions qui pourraient être utilement faites dans certains cas, mais qui seraient dangereuses dans d'autres. Si les officiers de l'état civil étaient toujours ce qu'ils devraient être, on pourrait, et ceci est même discutable, leur laisser un certain pouvoir d'appréciation de l'utilité de ces mentions; mais étant donné leur peu de science du droit et l'impossibilité où ils seraient le plus souvent d'estimer les résultats probables d'une indication, il vaut mieux s'en tenir à la lettre de l'article 35 Code civil, dont le but est de retirer aux officiers publics tout pouvoir d'appréciation, et de limiter à celles qui sont expressément prescrites par le Code les mentions que doit contenir tout acte de l'état civil.

Nous adoptons ce dernier système et nous repoussons les deux premiers comme contraires aux termes de l'article 35 Code civil et aux intérêts de l'enfant. C'est d'ailleurs le seul dont on puisse admettre toutes les conséquences sans se heurter à quelque disposition formelle de notre législation. Voici par exemple une suite nécessaire des systèmes que nous combattons. Elle a été admise par M. Hutteau d'Origny, qui n'a probablement pas osé la détacher de l'ensemble de sa théorie dont elle découle naturellement.

Elle suffira, croyons-nous, à prouver le peu de solidité de cette théorie.

Si la mère doit ou peut être indiquée dans l'acte de naissance, elle peut ou doit l'être même dans le cas d'adultère ou d'inceste. Pour savoir, en effet, s'il y a adultère ou inceste, il faudrait connaître le père et c'est impossible, si le père ne se déclare pas, la recherche de la paternité étant interdite et la déclaration du seul nom de la mère ne déterminant pas l'état de l'enfant. Cette déduction est rigoureuse. Mais n'est-il pas aussi vrai que dans bien des cas, par exemple dans ceux d'absence notoire ou de maladie longue et dangereuse du mari, l'indication dans l'acte de naissance du nom de la mère mariée peut être une cause de scandale et peut porter une atteinte grave à la tranquillité des familles dont le repos a été la préoccupation constante du législateur ? Cette indication, contraire à l'esprit général du Code, sera-t-elle d'ailleurs bien utile à l'enfant ? La qualité d'enfant adultérin ou incestueux, le scandale retentissant d'une action en désaveu, peuvent-ils être considérés comme conformes aux intérêts bien entendus de cet enfant ? Nous ne le pensons pas et tout le monde sera de notre avis. Eh bien ! en admettant les systèmes que nous repoussons, il est impossible de ne pas arriver quelquefois, souvent même à ces résultats. Comment l'officier de l'état civil, qui mentionnera le nom de la mère naturelle, pourra-t-il être certain qu'il ne se trouve pas en présence d'un adultère ou d'un inceste ? Cela lui sera impossible. Et indépendamment de cette considération de fait, comment ne pas admettre en droit l'obligation pour l'officier public de désigner la mère, même quand la naissance est notoirement entachée d'adultère ou d'inceste ? Où trouver, dans nos lois, la distinction qu'on voudrait établir entre le cas de naissance simplement naturelle et celle de naissance adultérine et incestueuse ? Et comment dès lors, en admettant ce système, ne pas reconnaître à l'officier public l'obligation de faire naître le scandale, bien qu'il sache quelquefois à l'avance les résultats déplorables qu'auront les indications qu'il insère dans les actes qu'il rédige ? Une réponse à ces objections qui soit conforme aux textes et à la saine logique n'est possible que dans notre système, que nous admettons sans réserve.

Nous allons passer en revue les opinions de différents auteurs sur la question que nous venons d'examiner. Les opinions extrêmes, auxquelles ont été forcément conduits nos adversaires, seront le meilleur argument que nous puissions donner en faveur de notre système.

Certains auteurs estimaient que dans tous les cas le nom de la mère doit être mentionné dans l'acte de naissance. L'officier de l'état civil n'a pas à rechercher si la déclaration qu'il reçoit est exacte ou ne l'est pas. L'intérêt de l'enfant est ici l'objectif constant qu'on doit avoir en vue. La situation du bâtard est déjà si triste, qu'on ne doit écarter aucune des chances d'amélioration qu'elle peut avoir et sa considération doit toujours passer en première ligne, avant même celle des inconvénients que pourrait avoir une déclaration fausse par ignorance ou par fraude. Le trouble qu'une erreur pourrait apporter dans une famille, a bien moins d'importance que n'en aurait pour un enfant naturel l'ignorance du nom de sa mère. Pour celle-ci, l'inconvénient d'une indication fausse n'est en effet pas bien grave, l'acte de naissance ne faisant pas preuve de la maternité et ne pouvant même pas servir de commencement de preuve par écrit. Elle a d'ailleurs bien des moyens de repousser une maternité qu'on lui a indûment attribuée et elle peut de plus intenter contre les déclarants coupables d'ignorance ou de fraude une action en dommages-intérêts. Quelques jurisconsultes (Dalloz) ont fait des réserves à ce système adopté par MM. Duranton, Coin-Delisle, Descloseaux, etc. ; tout en l'admettant dans la majeure partie des cas, ils croient qu'il y a telle circonstance où il doit fléchir devant des présomptions trop fortes d'erreur, et voici des exemples de situations dans lesquelles ils estiment qu'il ne doit pas être appliqué par les officiers publics ; il est évident qu'on a en vue de flétrir une jeune fille vertueuse et de diriger une attaque scandaleuse contre sa réputation ; on veut obliger une personne honorable à agir en rectification d'un acte de l'état civil et lui imposer le double ennui d'un scandale et d'une procédure coûteuse ; le déclarant (c'est le cas le plus usuel) ne rentre pas dans une des catégories de gens disignées par l'article 56 Code civil ; un homme sans aveu ou même en état de vagabondage vient déclarer qu'une jeune fille honorable a accouché chez lui. Dans tous ces cas et dans ceux analogues, l'officier ne doit pas admettre la déclaration de la naissance, mentionnant le nom de la mère, ou il ne doit l'admettre que sous réserve de renseignements, que le désir de ne pas engager lourdement sa responsabilité, de tenir comme il convient les registres de l'état civil qui lui sont confiés et de ne pas causer un scandale retentissant autour d'une famille honorable et d'un nom respecté, lui fera prendre avec une circonscription et une discrétion extrêmes.

M. Demolombe qui a fini par se rallier à ce système l'avait autrefois combattu par des arguments qui n'ont cependant pas cessé d'être excellents et que nous regrettons de lui avoir vu abandonner. Il estimait que l'officier de l'état civil ne pouvait admettre la déclaration du nom de la mère naturelle et indiquer ce nom dans l'acte de naissance, qu'autant qu'elle reconnaissait son enfant. Il basait son opinion sur ce fait que l'acte de naissance est destiné seulement à constater la naissance et non la filiation, qu'il ne prouve que dans le cas de naissance légitime. Il y a eu reconnaissance, l'acte de naissance prouve alors la filiation naturelle, mais c'est là une exception. C'est comme acte de reconnaissance qu'il est envisagé et c'est bien ce que prouve l'article 334 Code civil qui indique la possibilité de faire la reconnaissance d'un enfant naturel dans son acte même de naissance. Pour ces raisons M. Demolombe avait adopté ce système, combattu par la jurisprudence, mais qu'il regardait comme seul conforme a la rigueur des principes du droit. Il reconnaissait cependant à l'opinion contraire des avantages pratiques qui l'ont plus tard décidé à l'adopter. Nous avons montré combien ces avantages étaient illusoires et nous ne suivrons pas l'éminent jurisconsulte dans son évolution.

La mère n'étant donc obligée ni de faire savoir si elle est mariée, ni de déclarer son nom, l'officier public ne peut faire aucune interpellation à ce sujet et s'il en fait, le déclarant n'est pas tenu de lui révéler le secret qui lui a été confié. On insérera dans l'acte la mention *mère inconnue* ou *non désignée* et celle de *père et mère inconnus* si le père n'avoue pas sa paternité.

M. Delvincourt croit que l'officier public doit indiquer le nom de la mère si le déclarant le lui fait connaître, mais il estime qu'il ne peut l'exiger. Cette auteur donne comme raisons de son opinion qu'il serait à craindre qu'une mère, pour échapper au deshonneur, se rende coupable d'un infanticide, si toutefois elle n'a pas fait pratiquer sur elle un avortement, et qu'aucun texte n'ordonne la mention du nom de la mère. Ce sont ces motifs qui nous ont décidé en faveur de notre système, qui seul mettra la mère à l'abri de toute indiscrétion et lui donnera une sécurité qui l'éloignera sûrement du crime et qui seul aussi est conforme aux dispositions de l'article 35 Code civil. Si le père reconnaît l'enfant naturel, celui-ci prend le nom de son père ; si la mère est seule connue, et à moins qu'il ne soit adultérin ou incestueux, l'enfant prend le nom de sa mère. Que si, ni le père ni la mère ne reconnaît l'enfant ou donne à celui-ci un nom indépendant de son prénom. On doit choisir ce nom avec soin parmi ceux qui n'appartiennent pas à quelque famille comme qui pourrait obtenir un jugement empêchant l'usurpation de son nom.

64. — L'acte de naissance doit être redigé de suite, en présence de deux témoins, dont il doit indiquer les prénoms, noms, âge, profession et domicile, il doit de plus relater le fait de la présentation de l'enfant, car il doit constater l'accomplissement de toutes les formalités prescrites par la loi. Article 34. 56 et 57 code civil.

Aucune formalité n'est exigée dans les actes de l'état civil à peine de nullité, et ces actes sont valables, quelles que soient les irrégularités qu'ils contiennent, pourvu que ce ne soient pas des écrits informes n'ayant rien d'un acte quelconque. C'est en vertu de ce principe qu'un acte de naissance est valable, même s'il manque de quelques-unes des mentions prescrites par la loi.

Il pourrait n'y être question ni de l'âge des père et mère, ni du lieu de la naissance, ni de la présentation des témoins, sans que l'acte cesse d'être valable. Il va sans dire que l'article 46 Code Civil s'appliquera à la preuve des faits omis par l'officier public.

Le législateur en ne prescrivant aucune formalité sous peine de nullité a eu en vue l'intérêt de l'enfant qui a un avantage énorme à avoir un état civil officiellement constaté. Ce serait dès lors aller contre l'esprit du code que d'annuler un acte de naissance sous le pretexte qu'il contient des énonciations autres que celles que la loi a prescrites. Cette doctrine a été consacrée par la jurisprudence. (C. d'Angers 25 mai 1822).

65. — Nous n'avons pas à traiter, dans cette étude spéciale des actes de naissance, les questions relatives au degré de leur force probante. Ces questions se rattachant directement à l'exposé des règles des actes de l'état civil en général. Mais nous allons examiner ce que prouve l'acte de naissance en particulier et le degré de foi qu'on doit lui reconnaître dans quelques espèces spéciales et discutées.

L'acte de naissance prouve la filiation légitime, même lorsque la déclaration émane d'un individu que le hasard seul a fait assister à l'accouchement ; il en serait autrement si les déclarants ne rentraient pas dans les catégories de personnes indiquées par l'article 57 Code civil. auquel cas la déclaration de maternité perdrait toute sa force. Mais l'acte de naissance ne peut prouver le mariage des père et mère y denommés. L'officier de l'état civil n'est en effet pas tenu de vérifier, au moins en ce qui concerne la qualité d'époux et d'épouse, la déclaration d'un homme qui prétend que l'enfant est de lui et de sa femme légitime.

La loi n'exigeant pas la mention de mariage des père et mère, et ce mariage ne rentrant pas dans la série de faits que l'officier public affirme avoir vus et entendus, on peut attaquer cette mention par toute sorte de moyens, sans recourir à l'inscription de faux. C'est ce qui fait que la légitimité ne peut être prouvée qu'au moyen de deux actes ; celui qui constate le mariage des père et mère et celui qui constate la naissance dans le mariage de l'enfant qui revendique l'état d'enfant légitime. L'acte de naissance ne vaut même pas comme commencement de preuve de la filiation légitime. Cependant, s'il y a possession d'état, on lui a reconnu ce pouvoir (Cass. ch. Req. 5 avril 1820), mais comme alors il doit concourir avec la possession d'état, on ne peut l'admettre comme preuve de cette possession d'état (C. Grenoble, 5 février 1807). Entre ces deux doctrines nous n'hésitons pas à suivre celle de la Cour de Grenoble. Selon nous, l'acte de naissance prouve seulement le fait de la mise au monde, et non la possession d'état, fait continu et qui lui est essentiellement postérieur.

Les faits sur lesquels porte la preuve qui résulte de l'acte ne naissance ne sont plus les mêmes selon que la naissance est légitime ou naturelle. Ainsi, tandis que, au cas de naissance dans le mariage, l'acte de naissance fait, sauf désaveu possible, preuve complète de la paternité, la déclaration qui indique comme père naturel un individu qui n'est ni présent ni représenté par un mandataire, ne fait en rien preuve de la paternité. C'est là une conséquence du principe que la paternité naturelle ne peut être recherchée et qu'elle ne peut être attribuée à quelqu'un qui ne reconnaît pas l'enfant.

Quant à la maternité naturelle nous retrouvons ici une discussion qui n'est que la suite de celle que nous avons exposée dans le numéro 63 ; tandis que certains auteurs pensent que l'accouchement étant prouvé, par l'acte de naissance, l'enfant naturel n'a qu'à prouver son identité pour prouver sa filiation, d'autres auteurs pensent que la déclaration de la mère naturelle peut être repoussée par

un simple désaveu. L'indication du nom de la mère naturelle insérée sans son aveu dans l'acte de naissance est
contraire à la loi. Elle ne peut donc produire aucun effet
contre la mère, de qui elle n'émane pas ; elle ne peut
même pas servir contre elle de commencement de preuve
par écrit. La naissance est un fait distinct de la filiation
et la foi attachée à l'acte de naissance ne dépend en rien
de la possibilité de la recherche de la maternité. Ayant
admis que l'indication du nom de la mère dans l'acte de
naissance est contraire à la loi, nous ne pouvons qu'adopter ce dernier système qui est la conséquence et la sanction
de notre principe.

L'enfant ayant été présenté à l'officier de l'état civil, si
l'acte de naissance porte qu'il a été présenté vivant, la présomption de vie ne peut être détruite qu'au moyen de l'inscription de faux ; mais la question de viabilité reste en
dehors de celle de vie et c'est d'après un rapport de médecins qu'elle devra être résolue.

Ni la preuve testimoniale, ni la mention contenue dans
l'acte de décès qu'un enfant est mort en naissant, ne peut
détruire l'affirmation de l'officier public, qui déclare dans
l'acte de naissance que l'enfant lui a été présenté vivant.
Cette affirmation ne peut être attaquée que par la voie de
l'inscription de faux. L'énonciation de l'acte de décès ne
peut d'ailleurs pas être opposée à celle de l'acte de naissance ; la première se rapporte à un fait raconté par les
déclarants, la seconde se rapporte au contraire à un fait vu
par l'officier public. La portée de ces deux énonciations est

bien différente et la foi qu'on doit accorder à l'une ne peut être mise en balance avec celle inspirée par l'autre. Voici une espèce dans laquelle les juges ont eu à appliquer ce principe :

Une femme accouche d'une fille après le décès de son mari. L'enfant est présentée à l'officier de l'état civil qui dresse l'acte de naissance. L'acte de décès de cet enfant, portant la mention : *mort en naissant* est dressé le même jour. Les héritiers du mari prétendent que l'enfant est mort en venant au monde, que ce fait résulte de l'acte de décès et que la mère ne peut pas succéder. La mère soutient au contraire que l'enfant a vécu, que la preuve de ce fait résulte de l'acte de naissance, et qu'elle ne peut être détruite par les énonciations de l'acte de décès ; que l'officier de l'état civil ne peut pas détruire la portée d'un acte par un acte postérieur ; que l'enfant mort en naissant n'était d'ailleurs pas mort-né et qu'il avait donné signe de vie au moment de la naissance ; que la succession de son mari a été recueillie par sa fille et qu'elle même y a droit comme héritière de son enfant. Arrêt.

« La Cour, considérant que tous les actes de l'état civil font foi en justice jusqu'à inscription de faux ; considérant qu'il est établi par les registres de l'état civil qu'il est né un enfant....., que cet acte qui constate par lui seul et sans qu'il soit besoin d'autres preuves que l'enfant a eu vie, ne pouvait être détruit, ni par les inductions qu'on voulait tirer de l'acte inséré dans les mêmes registres et le même jour pour constater le décès du même enfant, ni des preuves offertes par les intimés, lesquelles ne peuvent être admises contre un acte authentique..... » (C. Paris, 13, floréal an XIII).

Cet arrêt est, croyons-nous, conforme à l'esprit et à la lettre de notre législation.

Nous avons cité, sous le n° 57, une espèce soumise à la Cour d'Angers (25 mai 1822). Nous allons y revenir, cet arrêt ayant posé quelques principes qui se rattachent direcment à notre sujet.

Une femme enceinte meurt. Au moyen de l'opération Césarienne, on extrait un enfant, inhumé le lendemain avec sa mère. Quatre jours après, le père va déclarer la naissance de son enfant, qui est inscrit comme ayant vécu quinze minutes. Les héritiers de la femme demandent le partage de la communauté. Le mari répond que l'enfant né de son mariage a .succédé à la mère et qu'il est luimême héritier de son fils pour partie. Il se fonde sur l'acte qu'il a fait dresser et que les héritiers déclarent nul.

Nous écartons de l'espèce une quantité de détails, qui ne se rapportent pas à notre question.

Voici des extraits de l'arrêt admettant la preuve testimoniale :

«..... Considérant que les actes de l'état civil ont reçu de la loi le caractère le plus authentique ; mais que c'est quand les officiers de l'état civil ont vérifié par eux-mêmes, dans les formes voulues par la loi, les faits qu'ils sont chargés de constater ; qu'ils ont vu et connu la personne dont ils établissent l'état ; qu'ils ont vérifié les faits qu'ils rapportent ;..... que dans la cause il paraît seulement une déclaration reçue par l'officier de l'état civil, qui l'a consignée sur ses registres, mais que cet officier n'a vérifié ni pu vérifier les faits qui lui étaient déclarés ;..... que la preuve testimoniale peut être admise pour suppléer à la preuve qui devrait résulter d'un acte qui aurait été rédigé suivant le vœu de la loi ; que les circonstances rares et extraordinaires de la cause rendent cette preuve admissible..... »

Nous pouvons déduire de cet arrêt plusieurs conséquences :

Quand un enfant n'a pas été présenté à l'officier public, son acte de naissance ne fait pas foi entière de la naissance et de la viabilité ; si le fait de la mise au monde ou celui de la viabilité est contesté, on doit avoir recours à la preuve testimoniale, si toutefois les circonstauces la rendent admissible.

L'arrêt que nous avons cité n'était qu'un arrêt interlocutoire (20 août 1821), en exécution duquel il fut procédé à une enquête ; voici l'arrêt définitif :

« La Cour — considérant..... que l'enfant étant né vivant, il y a d'abord une présomption qu'il était en état de viabilité ; que cette présomption se fortifie..... par la conformation de son corps..... ; qu'on n'a allégué aucun vice corporel qui pût donner à penser qu'il n'aurait pu conserver la vie ;..... »

De ces considérants, il découle que la présomption de viabilité, quand elle n'est pas combattue par la conformation de l'enfant, est une conséquence de la naissance en vie de l'enfant de l'état duquel il s'agit.

Que si l'acte de naissance n'a pas été dressé pour constater la mise au monde d'un enfant qui n'aurait vécu que peu d'instants et si on s'est contenté de rédiger un acte de décès, cet acte ne prouve pas complètement la vie de l'enfant et son aptitude à la vie. L'espèce s'est présentée et quoiqu'elle ne soit pas entièrement semblable à celle qui pourrait se présenter de nos jours, nous estimons que la décision qu'elle amena doit encore peser d'un grand poids aujourd'hui. Sous l'ancienne législation, un curé délivre un extrait mortuaire dans lequel il est constaté qu'on a baptisé un enfant qui n'a vécu que quelques minutes. La Cour de Limoges a décidé (12 janvier 1813) que cette attestation du curé, attestation qui n'était d'ailleurs confirmée par la présence d'aucun témoin, ne prouvait ni la vie, ni la viabilité de l'enfant.

Il est possible que le jour du baptême soit seul indiqué dans l'acte de naissance. Dans un cas pareil, la Cour suprême a décidé que l'enfant était censé né de ce jour. Nous ne pouvons adopter une décision aussi générale. En fait, il pourra y avoir dans l'acte de naissance telle indication d'où l'on pourra conclure que le baptême a eu lieu le jour de la naissance et le juge devra tenir compte de cette indication. Mais il est juridique d'en revenir dans ce cas à l'article 46, C. civ. ; la seule indication du jour du baptême ne remplace pas la mention de la date de la naissance et elle doit amener l'admission de tous les moyens de preuve qu'on pourra produire pour arriver à connaître le jour de la naissance, dont la mention a été omise.

66. — Deux témoins doivent assister le déclarant dans la déclaration et dans la présentation des enfants (art. 56, C. civ.). Leur présence est une garantie contre la fraude rendue d'autant plus difficile que les complices devraient être plus nombreux ; elle est une preuve de l'identité du déclarant. De plus, les témoins pourraient au besoin attester la présentation et l'existence de l'enfant. Mais ils n'attestent ni l'accouchement de la mère déclarée, ni si la mère est réellement accouchée, l'identité de l'enfant présenté avec celui dont elle est accouchée. Si on exigeait des témoins l'obligation d'attester ces faits, les seuls témoins oculaires de la naissance pourraient être témoins de l'acte de naissance et comme ces derniers doivent remplir les conditions de capacité des témoins des actes de l'état civil en général, il serait souvent difficile de trouver des personnes pouvant assister le déclarant, devant l'officier public.

§ 2. — *Règles particulières à certaines classes d'actes de naissance.*

67. — Plusieurs enfants peuvent naître d'un même accouchement. On devra, dans ce cas, dresser autant d'actes qu'il y a eu de naissances. Cela est naturel. L'acte est dressé non pour constater que telle femme est accouchée, mais que tel enfant est né. S'il doit être dressé plusieurs actes, il n'est pas pour cela nécessaire qu'il y ait

plusieurs, déclarants. Un seul déclarant assisté des mêmes témoins peut présenter les jumeaux.

L'enfant qui vient au monde le premier est l'aîné. Cette règle s'applique aux jumeaux et, bien que des physiologistes aient discuté cette opinion, la jurisprudence l'a toujours admise (C. Caen, 17 août 1843). C'est pourquoi l'officier de l'état civil doit constater avec soin l'heure de la naissance de chaque jumeau et dresser les actes dans l'ordre des naissances, en se basant sur les renseignements fournis par le déclarant. Des prénoms distincts doivent être donnés à chaque jumeau. Enfin, et ceci est peut-être la seule mesure absolument spéciale au cas qui nous occupe, qu'on puisse inviter les officiers de l'état civil à appliquer en dehors de celles que la loi a prescrites, il est manifestement utile aux nouveaux-nés d'indiquer dans leur acte de naissance les marques que chacun d'eux pourrait avoir sur le corps. Cette précaution a pour but d'empêcher l'acte de l'un d'être appliqué à l'autre, et l'intérêt des enfants est d'avoir un état civil distinct et bien constaté. Elle n'est d'ailleurs prescrite par aucune loi, mais son utilité est si évidente que malgré l'article 35, Code civil, qui n'a d'ailleurs réglementé que le *quod plerumque fit,* tous les auteurs sont d'accord pour conseiller aux officiers de l'état civil de ne pas la négliger.

68. — Il est possible que l'enfant n'ait pas vécu ou qu'il soit mort avant la rédaction de son acte de naissance. Ces cas confondus en un seul, celui de la présentation d'un enfant sans vie a été prévu et réglementé par le décret du

4 juillet 1806. Les articles 1 et 2 de ce décret ordonnent que lorsque le cadavre d'un enfant dont la naissance n'a pas été enregistrée, sera présenté à l'officier de l'état civil, cet officier n'exprimera pas qu'un tel enfant est décédé, mais seulement qu'il lui a été présenté sans vie. Il recevra de plus la déclaration des témoins touchant les noms, pré- noms, qualités et demeure des père et mère de l'enfant, et la désignation des ans, jour et heure auxquels l'enfant est sorti du sein de sa mère. Cet acte sera inscrit à sa date sur les registres des décès, sans qu'il en résulte aucun préjugé sur la question de savoir si l'enfant a eu vie ou non.

Il y a dans ces dispositions deux parties bien distinctes. Le législateur fixe d'abord le mode de constatation des en- fants présentés sans vie ; il indique ensuite la foi que l'acte dressé devra en faire en justice. C'est incontestablement ce second point qui a été sa préoccupation principale, et c'est pour éviter l'inconvénient qu'il avait en vue qu'il a laissé une lacune fâcheuse dans cette matière.

Il y avait un danger à éviter. L'officier public n'a géné- ralement que des connaissances médicales restreintes. On lui présente un enfant sans vie ; il ne peut déterminer si cet enfant n'a pas vécu ou s'il a vécu, et dans ce dernier cas s'il était viable. D'un autre côté les déclarations ne doivent inspirer qu'une confiance médiocre, parce que très souvent il se rattache à cette question de vie et de viabilité des nou- veaux-nés, des droits de succession mettant en jeu des in- térêts considérables. Il fallait donc pour ces différents motifs, se défier des énonciations de l'acte dressé. C'est ce qu'avait compris le législateur et ce qui avait motivé l'article 2 du décret précité.

Mais pour le cas où on ne se trouve pas en présence d'un enfant mort-né il y a, c'est évident, de grands inconvénients à ne pas rédiger deux actes distincts, l'un constatant la naissance de l'enfaut, l'autre constatant son décès. La pensée qui avait inspiré le décret de 1806, était la suivante : dans le cas où l'on présente à l'officier public un enfant sans vie, on ne peut laisser ni au déclarant souvent intéressé à faire une déclaration mensongère, ni à l'officier de l'état civil, presque toujours ignorant des choses de la médecine, la mission de décider si l'enfant a ou non vécu. Or, la rédaction d'un acte de naissance équivaudrait à la délivrance d'un certificat de vie ; il ne faut donc pas dresser d'acte de naissance de l'enfant présenté sans vie. Le législateur avait atteint le but poursuivi, mais au moyen de la suppression de l'acte de naissance dans des cas où il eut pu être très utile. Pour remédier à cet état de choses, le ministre de la justice prescrit (lettre du 13 novembre 1819) à un maire de Paris de distinguer entre le cas où l'enfant né viable mourait avant, et celui ou il mourait après les trois jours qui suivent la naissance. Dans ce dernier cas on dressait d'abord l'acte de décès conformément aux prescriptions du Code et à celles du décret de 1806. Quant à l'acte de naissance qui n'a pas été dressé, il eut dû l'être conformément à l'article 55 Code civil dans les trois jours suivant la naissance. Il ne s'agit plus de dresser un acte courant, il s'agit de faire une rectification en réparant une omission. Ce n'est plus à l'officier de l'état civil qu'appartient ce pouvoir, c'est au tribunal. Aussi les énonciations que le décret de 1806, prescrit d'introduire dans l'acte de décès et concernant les circonstances de la naissance sont envoyées par l'officier public au ministère public qui les communique au tribunal. Celui-ci statue sur la question de savoir si l'enfant a vécu et si sa naissance doit être mentionnée sur les registres de l'état civil.

Si l'enfant est mort avant l'expiration des trois jours qui suivent sa naissance, il faut, conformément à une décision ministérielle du 25 mars 1806 dresser un acte de naissance et un acte de décès. Dans ce dernier cas M. Hutteau d'Origny dit que, pour ne pas trop s'éloigner des prescriptions du décret de 1806, et comme les deux actes sont séparés, il faut mentionner dans l'acte de naissance et en forme de procès-verbal, la déclaration des témoins dans tous ses détails et indiquer la rédaction de l'acte des décès. Dans ce dernier acte on doit ajouter à la mention de l'acte : « Ainsi qu'il résulte de la déclaration qui nous a été faite, et que nous venons de constater sur le registre des naissances. » M. Hutteau d'Origny a voulu concilier autant que possible le décret de 1806 et la lettre ministérielle de 1819. Au lieu de l'acte unique du décret, la lettre prescrivait la rédaction de deux actes ; mais au moins devait-on conserver entre ses actes un lien étroit et quel lien plus étroit que la mention dans un acte de l'existence de l'autre ?

En somme la lettre ministérielle ne tendait à rien moins qu'à l'obligation du décret, qui cependant est encore appliquée dans la pratique.

Si l'enfant n'a pas vécu, il n'y a pas eu naissance dans le vrai sens du mot, puisqu'il n'y a pas eu commencement de la vie. On ne doit dès lors pas rédiger un acte de naissance. Il n'y a lieu qu'à un acte de décès. Ce cas se confond d'ailleurs, dans la réglementation du décret de 1806 avec celui que nous venons d'étudier et dans lequel nous supposions que l'enfant avait vécu.

69. — Le Code a prévu le cas où des parents abandonneraient leurs enfants et les laisseraient à la charge de la charité publique. Elle a pourvu avec sollicitude à la constatation de l'état de ces enfants (art. 58 C. civ.) et à leur éducation (décret du 19 juin 1811) ; la combinaison de ces deux lois nous permettra de résoudre toutes les questions que nous aurons à examiner.

Les enfants trouvés sont ceux qui, nés de pères et mères inconnus, ont été trouvés exposés dans un lieu quelconque, ou portés dans les hospices destinés à les recevoir (art. 2, décret du 19 juin 1811.

La loi a pris ces enfants sous sa garde. Déjà la loi de 1792 avait prescrit des mesures propres à assurer la constatation de leur état. En cas d'exposition d'enfant, l'article 9 du titre III de cette loi prescrivait au juge de paix ou à l'officier de police, qui en aurait été instruit, de se rendre sur le lieu de l'exposition, de dresser procès-verbal de l'état de l'enfant, de son âge apparent, des marques

extérieures, vêtements et autres indices qui peuvent éclairer
sur sa naissance ; et de recevoir les déclarations de ceux
qui auraient quelques renseignements à fournir sur l'exposition de l'enfant. Ces dispositions sont à peu près entièrement passées dans le Code civil. De même que dans la loi
de 1792, on y a cherché à éviter toutes les expressions
pouvant occasionner des recherches sur la paternité. Les
droits et les devoirs de la société se bornent à constater la
naissance de l'enfant, à relater le lieu où l'exposition a eu
lieu dans un acte durable ; à pourvoir aux besoins du
nouveau-né, et à recueillir toutes les indications qui pourront un jour servir à le faire reconnaître par ses parents.
La loi devait borner là les obligations de la personne qui
a trouvé l'enfant et du représentant de la société. Il est
conforme aux intérêts des enfants de ne pas rechercher
leurs parents. Il pourrait en effet leur être funeste de
placer une mère entre sa tendresse, peut-être douteuse, et
la crainte de son déshonneur. Aussi ne pouvons nous
qu'approuver sans réserve la prudence des rédacteurs de
la loi de 1792 et du Code.

Nous trouvons dans l'exposé des motifs la réponse à une
objection, qu'on aurait certainement pas manqué de faire
à l'inscription des procès-verbaux d'exposition des enfants
trouvés dans les registres de l'état civil. Le but principal
de ces registres est évidemment la distinction des familles
et la préparation de la preuve de la filiation ; mais il n'en
est pas moins vrai que ces registres seraient incomplets s'ils
ne mentionnaient pas toutes les naissances. Ils doivent

mentionner l'entrée dans la vie qui donne les droits dont sont investis tous les membres de la société, de quelque manière qu'ils y soient introduits, droit à la cité, droit à la protection des lois. C'est pourquoi tous les enfants, légitimes, naturels reconnus ou non et abandonnés à la charité d'un seul ou à la commisération publique doivent avoir leur naissance constatée sur un registre unique, le registre d'entrée dans la vie.

Le législateur a eù à concilier dans cette matière des enfants trouvés des intérêts opposés : La tranquillité des familles et la constatation de l'état de ces enfants. Le seul moyen d'arriver à ce but est celui que la loi a appliqué. Le procès-verbal constatant l'exposition ne donne aucune indication qui puisse désigner le père, mais il doit mentionner tous les objets qui ont été abandonnés avec l'enfant et toutes les circonstances, qui pourront aider à un retour de tendresse ou de remords et à rendre des enfants à des parents qui les voudraient retrouver ou auxquels un heureux hasard les ferait reconnaître. C'est en ces termes que M. Thibeaudeau expliquait que la loi s'était montrée, non-seulement prévoyante, mais encore affectueuse et paternelle.

Le Code ne pouvait mieux faire que de reproduire les dispositions de la loi de 1792 en y apportant toutefois les modifications nécessitées par la nouvelle organisation de l'état civil. Aux termes de l'article 58, Code civil, toute personne qui aura trouvé un enfant nouveau-né, sera tenue de le remettre à l'officier de l'état civil, ainsi que les vêtements et autres effets trouvés avec l'enfant, et de déclarer toutes les circonstances du temps et du lieu où il aura été trouvé.

Le projet primitif était moins favorable que le texte définitif à la constatation de l'état des enfants trouvés. Il fut modifié sur les observations du premier consul dans le sens que nous indiquons.

La sanction de l'obligation de remettre l'enfant à l'officier de l'état civil se trouve dans l'article 347, Code pénal, qui punit de six jours à six mois de prison et de 16 à 300 francs d'amende celui qui n'opère pas cette remise. C'est la peine prononcée par l'article 346 Code pénal, contre celui qui n'a pas déclaré une naissance, quoique tenu de cette obligation par l'article 56 Code civil. Mais la sanction de cette obligation est bien plus énergique que celle de l'article 58 Code civil. En effet tandis que l'article 55 Code civil, ordonne de déclarer la naissance dans les trois jours qui suivent l'accouchement, aucune disposition de la loi ne fixe de délai avant l'expiration duquel la remise de l'enfant trouvé à l'officier de l'état civil doive être opérée. On ne peut appliquer à ce cas le délai de trois jours de l'article 55, les prescriptions du Code ne pouvant être étendues par analogie d'une espèce à une espèce semblable, surtout quand ces prescriptions sont sanctionnées par une peine. On comprend donc que l'obligation, dont est tenue la personne qui a trouvé un enfant abandonné, n'est pas fortifiée par une sanction bien rigoureuse. Elle n'a même pas de sanction dans un cas déterminé; lorsque celui qui a trouvé l'enfant consent à s'en charger. Dans ce cas et à la condition que sa déclaration à cet égard ait été faite à la municipalité du lieu où l'enfant a été trouvé, la peine de l'article 346 Code pénal n'est pas appliquée (art. 347, C. pén.). S'il en est ainsi, le maire, qui a un certain pouvoir discrétionnaire à cet égard, doit estimer la moralité et les moyens d'existence de la personne qui déclare son intention de se charger de l'enfant. Les termes de l'article 58, Code civil étant très large et l'officier public devant insérer dans le procès-verbal toutes les indications qui pourront être utiles à l'enfant, le consentement de la personne qui se charge de l'enfant devra être mentionné ; l'officier devra en informer le représentant du ministère public et celui-ci devra veiller au sort de cet enfant et rechercher les auteurs de l'abandon dont il a été victime.

Comme il faut laisser aux parents la possibilité d'un repentir efficace et d'un retour de tendresse, pour qu'ils puissent retrouver les traces de l'enfant qu'ils ont abandonné, on droit décider que l'exemption de la peine de l'article 347 C. pén. ne s'applique à celui qui déclare se charger de l'enfant, que pour l'absence de remise de l'enfant à l'officier public, et non pour l'absence de déclaration. Il faut que le procès-verbal, qui peut permettre aux parents de retrouver leur enfant abandonné, soit toujours dressé et qu'il contienne toutes les indications nécessaires aux recherches. Il est, du reste, tout naturel que la loi, permettant à une personne bienfaisante de se charger de l'enfant, évite toute peine à cette personne et ne lui inflige pas une condamnation basée sur l'acte digne d'éloges,

qu'elle commet en gardant l'enfant et en ne le laissant
pas à la charge de la pitié publique.

Art. 58 C. civ. *in fine* : « .... Il en sera dressé procès-verbal détaillé, qui énoncera en outre l'âge apparent de
l'enfant, son sexe, les noms qui lui seront donnés, l'autorité civile à laquelle il sera remis. Ce procès-verbal sera inscrit sur les registres. »

On doit donner un nom à l'enfant trouvé, et cette disposition de la loi est si sage qu'elle se justifie d'elle-même.
Mais à qui le droit de choisir ce nom appartient-il? Est-ce
à celui qui a trouvé l'enfant? nous ne le croyons pas. Le
hasard seul a donné à cette personne la mission de remettre
l'enfant à l'autorité ; cette mission ne doit pas être étendue,
la personne qui l'a reçue pouvant ne présenter aucune garantie comme instruction et comme discernement nécessaire au choix d'un nom, qui doit être donné à l'enfant
par l'officier public ou par l'administrateur de l'hospice ou
l'enfant a été déposé, cet administrateur présentant toutes
les garanties nécessaires. Que si un conflit s'élevait entre
ces deux personnes nous donnerions à l'officier de l'état
civil le droit de choisir le nom de l'enfant, mais ce conflit
est bien improbable.

Le nom qu'on donne à l'enfant doit remplir certaines
conditions très sagement indiquées dans une circulaire
ministérielle du 30 juin 1812. Il doit être distinctif. Il ne
doit pas consister dans un de ces surnoms ou une de ces
épithètes, si nombreux dans les registres de l'état civil,
qu'il y règne une confusion de plus en plus grande. Il doit

être tel que l'enfant en le transmettant à ses descendants leur laisse un nom convenable et ne rappelant en rien le malheur de sa naissance. Il doit de plus ne pas être donné à d'autres enfants trouvés et ne pas être identiquement semblable au noms de familles connues. Quant au prénom, il devra être choisi d'après les règles ordinaires. Nous croyons que dans tous les cas un prénom doit être donné à l'enfant. L'article 58 Code civil parle, en effet, des noms qui devront être énoncés dans le procès-verbal et l'emploi au pluriel du mot nom, qui est général, nous paraît embrasser le prénom.

Le procès verbal doit être transcrit en entier et à sa date sur les registres des actes de naissance. Il tient lieu d'acte de naissance. Il n'est pourtant pas soumis aux mêmes formalités que ce dernier. Aucune disposition de la loi n'exige à sa rédaction la présence de deux témoins. Certains auteurs croient cependant que si le déclarant en présente, ils devront être admis par l'officier de l'état civil. Nous ne voyons pas d'inconvénient à admettre cette opinion, le Code ne limitant pas aux formalités prescrites, les formalités des actes de l'état civil ; mais nous croyons cependant que l'officier de l'état civil pourra dans certaines circonstances refuser d'admettre les témoins présentés et qu'il jouit à cet égard d'un certain pouvoir discrétionnaire.

L'officier de l'état civil devra-t-il, si le déclarant indique le nom de la mère, admettre cette déclaration? Nous ne le croyons pas. Qu'on n'argumente pas contre nous en se basant sur l'article 57 Code civil. L'espèce n'est pas la même. Il y a une différence très grande entre l'accouchement pur et simple et l'accouchement suivi d'abandon. Indépendamment de cette circonstance qui doit inspirer à l'officier public une défiance toute particulière, le déclarant ne rentre pas dans notre espèce, dans la catégorie des personnes à qui la loi confie la mission de déclarer le nom de la mère. Nous raisonnons en supposant admis le système que nous avons combattu et qui tend à reconnaître à l'officier public la faculté ou l'obligation de mentionner le nom de la mère dans l'acte de naissance.

Dans notre opinion (voir le n° 63) qui a l'avantage de s'appliquer au cas de procès-verbal de remise d'un enfant trouvé, la question ne peut pas être discutée. Mais en supposant un instant admis le système de nos adversaires, nous arrivons au résultat suivant, si le déclarant indique comme parent de l'enfant trouvé des gens mariés, l'officier public ne devra pas mentionner leurs noms, parce qu'aucun article du Code ne confie au déclarant la mission de donner ces indications. Ce n'est pas à l'état de l'enfant, c'est aux conditions dans lesquelles il est entré dans la société et à la personne du déclarant, à qui la loi ne confie aucune mission à ce sujet, qu'est due l'impossibilité où se trouve l'officier public d'insérer dans le procès-verbal de remise des énonciations qu'il eût pu introduire dans un acte de naissance.

Dans la discussion du projet de loi, au conseil d'Etat, on convint de laisser à l'administration le soin de désigner les établissements où l'enfant serait admis et on ne fixera pas l'autorité à laquelle il devrait être définitivement remis. On décida cependant que l'officier de l'état-civil, après avoir assuré, au moins provisoirement l'existence de l'enfant, devait envoyer une copie du procès-verbal à l'autorité administrative et au représentant du ministère public. Un autre point sur lequel on tomba d'accord fut que l'officier de l'état-civil, ne pourrait rien faire dans le but de découvrir les parents de l'enfant.

Dans les établissements où la charité publique admet les enfants trouvés, il existe des registres ou sont constatés jour par jour l'entrée des enfants admis, leur sexe, leur âge apparent, les marques naturelles et les effets qui peuvent servir à les faire reconnaître. La tenue de ces registres a été ordonnée par le décret du 19 janvier 1811, qui prescrivait l'établissement d'hospices pour les enfants trouvés. Il semble que ces registres doivent faire double emploi avec les procès-verbaux insérés dans les registres de l'état civil. En droit il en est ainsi, mais en fait les registres tenus par les administrations hospitalières sont indispensables. En effet, dans l'usage la présentation de l'enfant à l'officier de l'état civil n'a pas lieu. L'enfant est porté directement à l'hospice, d'où il est envoyé à l'officier de l'état civil une note indicative du sexe de l'enfant, de son âge présumé, du nom qu'il a reçu et du jour où il a été recueilli. Ce sont ces renseignements qui servent à la rédaction de l'acte de l'état civil. Ce procédé est contraire au texte de la loi. Bien qu'il ne soit pas juridique, il est bon néanmoins de le maintenir, car il produit des résultats excellents, surtout dans les grandes villes, où le nombre d'enfants trouvés est considérable et où les établissements hospitaliers sont organisés avec un soin extrême.

Il est possible que l'acte de naissance de l'enfant soit abandonné et trouvé avec lui. Dans ce cas, il n'est pas, selon nous, nécessaire de dresser un procès-verbal de remise de l'enfant. Ce procès-verbal, inscrit à sa date dans les registres de l'état civil, a en effet pour objet de tenir lieu d'acte de naissance. Mais ici il ferait double emploi. Nous ne raisonnons, à vrai dire, que pour le cas fort rare où il est certain que l'acte de naissance abandonné avec l'enfant est bien celui de cet enfant. Mais dans ce cas nous maintenons énergiquement notre opinion. L'espèce proposée par M. Hutteau d'Origny, a été résolue par lui dans un sens opposé à celui que nous indiquons. Cet auteur croit que le procès-verbal de remise doit être dressé, inséré dans les registres et qu'on doit y mentionner l'existence de l'acte de naissance. Nous ne pouvons adopter ce système. Nous pensons que l'officier de l'état civil doit prendre les mesures nécessitées par l'intérêt de l'enfant, qu'il doit le faire, par exemple, entrer dans un hospice d'enfants trouvés, mais que là s'arrêtent ses droits et ses devoirs. Que sur les registres de l'hospice où entre l'enfant on mentionne tous les renseignements propres à le faire reconnaître, nous l'approuvons sans réserve ; mais qu'aucun acte inutile ne vienne surcharger les registres de l'état civil.

Il résulte de la discussion au conseil d'État que la personne qui a trouvé un enfant abandonné n'a qu'une obligation ; celle de la remettre à l'officier de l'état civil. Cette obligation exécutée c'est à l'administration seule à pourvoir aux besoins de l'enfant.

70. — Lorsqu'un enfant naît pendant un voyage en mer, l'acte de naissance doit être dressé dans les vingt-quatre heures, en présence du père, s'il est présent, et de deux témoins pris parmi les officiers du bâtiment, ou, à leur défaut, parmi les hommes de l'équipage (art. 59 C. civ.).

Dans les limites prescrites par la loi et dans l'ordre qu'elle indique, le choix des témoins appartient au père et, à son défaut, à la mère. L'acte doit être dressé dans les vingt-quatre heures. Si celui qui devait le dresser a négligé de le faire et s'il survient, après l'expiration du délai de vingt-quatre heures, un accident qui empêche de le dresser, on pourra intenter contre celui qui se sera rendu coupable de négligence une action en dommages-intérêts. Mais pourra-t-on le poursuivre correctionnellement et invoquer contre lui l'art. 347 C. pén. ? Nous ne le pensons pas. Cet article ne réprime que les infractions aux articles 56 et 57 C. civ. Il ne vise pas l'article 59 du même Code, et les pénalités ne s'étendent pas d'un cas à un autre.

L'acte de naissance sur mer n'exige pour sa rédaction ni la déclaration de l'accouchement, ni la présentation de l'enfant. La naissance est connue sur le navire d'une façon parfaite, qui exclut toute erreur et toute tromperie. Au cas de négligence ou de mauvais vouloir relatifs à la déclaration et à la présentation, il n'y a donc aucune condamnation possible et l'art. 346 C. pén. n'est pas applicable.

Aux termes de l'article 59 Code civil, l'acte sera rédigé sur les bâtiments de l'État par l'officier d'administration de la marine, et sur les bâtiments appartenant à un armateur ou négociant par le capitaine, maître ou patron du navire.

Ces derniers mots n'indiquent pas trois personnes différentes, mais une seule personne, le chef du navire, qu'ils désignent de trois manières différentes. A défaut de ce chef, l'acte devrait être dressé par la personne qui en occuperait la place.

L'acte de naissance sera inscrit à la suite du rôle d'équipage (art. 59 C. civ. *in fine*). Le rôle d'équipage tient, dans l'espèce, lieu de registre de l'état civil. S'il vient donc a être perdu totalement ou partiellement, on devra recourir à l'article 46, les moyens de suppléer à ses indications étant les mêmes que ceux qu'on doit admettre dans le cas de perte totale ou partielle des registres de l'état civil.

Dès que le navire aborde dans un port français ou dans un port étranger, où se trouve un consul français, les officiers d'administration ou chefs de navire cessent d'être investis de la mission de constater les naissances.

Qu'arrivera-t-il si le navire aborde dans un port étranger où ne se trouve pas de consul français? Ce cas n'a pas été prévu par la loi et nous croyons qu'il doit être résolu d'après les principes du droit commun. Le principe de l'exterritorialité n'a pas été admis pour tous les navires en général et nous devons appliquer la règle *locus regit actum*.

Les naissances devront être constatées par les autorités locales dans les formes usitées dans le pays. Nous croyons cependant que l'officier d'administration d'un bâtiment de l'État sera chargé de dresser les actes des naissances, qui auront eu lieu à bord du navire auquel il est attaché, le principe de l'exterritorialité étant admis d'une façon bien plus large pour les navires de guerre que pour ceux appartenant à un armateur ou à un négociant.

Il est enfin possible, quoique ce doit être fort rare, que le navire aborde dans un port dépendant d'une nation ou nulle autorité n'est chargée de la constatation des naissances. La raison qui a fait imposer à l'officier d'administration ou au chef du navire l'obligation de constater la naissance, c'est-à-dire l'intérêt qu'a l'enfant à avoir un état civil en règle, subsistant dans le cas que nous examinons, l'obligation qui en résulte doit subsister aussi et nous n'hésitons pas à appliquer l'article 59 Code civil ; nous aurions pu ne pas adopter cette opinion, si notre article était fortifié par une sanction pénale, qui ne saurait être étendue d'une espèce à une espèce analogue. Mais une action en dommages-intérêts pouvant seule être intentée contre le chef du navire coupable de négligence, nous estimons que nulle objection ne peut être faite à un système qui pourvoit aux intérêts de l'enfant, en même temps qu'il est conforme à l'esprit et aux termes du Code.

Après avoir réglementé la rédaction de l'acte de naissance sur mer la loi a prescrit des mesures propres à sa conservation. Au premier port où le bâtiment aborde, soit de relâche, soit pour toute autre cause que celle de son désarmement, les officiers de l'administration de marine, capitaine, maître ou patron, sont tenus de déposer deux expéditions authentiques des actes de naissance et de décès qu'ils ont rédigés, savoir : dans un port français au bureau du préposé à l'inscription maritime, et dans un port étranger, entre les mains du Consul (art. 60 C. civ 1re partie).

Dans l'article précité, les mots d'*expédition authentique* veulent indiquer une copie littérale de l'acte inscrit sur le rôle d'équipage, déclarée conforme à l'acte inscrit sur ce rôle, délivrée par la personne chargée sur le navire de constater les naissances et légalisée conformément à la loi. Afin de prouver que le dépôt des deux expéditions a été effectué, et pour éviter une contradiction entre les affirmations d'un officier public et d'une personne remplissant les fonctions d'un officier public, cette personne doit demander un récépissé des deux expéditions déposées, et pour couvrir entièrement sa responsabilité, elle doit mentionner ce récépissé en marge de l'acte de naissance et le joindre au rôle d'équipage.

L'une de ces expéditions (art. 60, C. civ., 2e partie) restera déposée au bureau de l'inscription maritime ou à la Chancellerie du Consulat ; l'autre sera envoyée au ministre de la marine, qui fera parvenir une copie, de lui certifiée, de chacun desdits actes, à l'officier de l'état civil du domicile du père de l'enfant, ou de la mère, si le père est inconnu ; cette copie sera inscrite de suite sur les registres.

Grâce à ces mesures, l'acte est toujours porté sur les

registres de l'état civil, sauf dans le cas où le navire a fait naufrage avant d'arriver au port. L'envoi au ministre de la marine de l'expédition qui lui est destinée est faite par le dépositaire ; mais tandis que le préposé à l'inscription maritime, l'envoie directement au ministre de qui il dépend ; le consul, qui n'a de relations directes qu'avec le ministre des affaires étrangères, envoie à ce dernier ministre, qui la lui transmet, l'expédition destinée au ministre de la marine.

L'expédition transmise au ministre de la marine reste déposée à ce ministère. La copie envoyée à l'officier de l'état civil du domicile du père de l'enfant, ou de la mère, si le père est inconnu, doit être imédiatement transcrite sur les registres. La copie et la lettre envoyées par le ministre doivent être conservées dans les archives de l'état civil.

L'utilité de la mention de l'acte de naissance en marge des registres et à sa date avait fait émettre à quelques auteurs l'opinion que cette mention devait être faite par l'officier de l'état civil. Nous croyons cependant que cette mention ne doit pas être faite (MM. Hutteau d'Origny, Dalloz). Elle ne pourrait être faite en effet que dans la marge des registres ; or cette marge doit être conservée pour les rectifications des actes auxquels elle correspond et pour les mentions nécessitées par ces actes. Le défaut de mention ne pourra causer que des inconvénients peu graves dans les recherches, car dès la fin de l'année, une table alphabétique annuelle, et plus tard une table décennale, viendront suppléer à ce défaut de mention.

Afin de bien assurer la transcription sur les registres de

l'état civil de l'acte constatant une naissance en mer le Code prend une dernière précaution. Aux termes de l'art. 61, c. civ., à l'arrivée du bâtiment dans le port de désarmement, le rôle d'équipage sera déposé au bureau du préposé à l'inscription maritime, qui enverra une expédition de l'acte de naissance, de lui signée, à l'officier de l'état civil du domicile du père de l'enfant, ou de la mère, si le père est inconnu ; cette inscription sera inscrite de suite sur les registres.

Cette précaution supplémentaire n'est guère que la répétition de celle prescrite par l'article 60, C. civ. Quand l'une des deux a été prise, il semblerait que l'on puisse négliger l'autre, qui ne tend qu'à faire transcrire deux fois le même acte sur les registres, et que la simple mention de la date de la transcription antérieure doive être faite au lieu et place d'une seconde transcription. Cette mesure serait rationnelle. Cependant nous ne pouvons la conseiller ; le texte de la loi est trop formel pour cela. L'article 61, C. civ. d'ailleurs, bien qu'il tende à l'encombrement des registres de l'état civil, doit être scrupuleusement observé pour un autre motif. La croyance erronée, où pourrait être l'officier public que l'acte a déjà été transcrit le pousserait peut-être à se contenter d'une simple mention, et, malgré les précautions de la loi, l'acte constatant la naissance qui a lieu sur un navire ne serait relaté sur aucun registre de l'état civil. La possibilité de retrouver cet acte au ministère de la marine existerait bien toujours ; mais le retard ainsi occasionné serait quelquefois préjudiciable aux intérêts de l'enfant, et c'est ce que le législateur a voulu éviter.

Les signatures des préposés maritimes doivent être légalisées par les chefs supérieurs et par le ministre de la marine. L'article 61, C. civil ne parle pas de cette formalité. Aussi, pensons-nous que, malgré l'absence de législation, l'officier de l'état civil ne peut refuser de transcrire l'acte qu'on lui fait parvenir (M. Hutteau d'Origny). Certains auteurs vont même jusqu'à regarder cette légalisation comme une mesure que le préposé maritime fera bien d'observer pour sauvegarder sa propre responsabilité, mais qui n'est ordonnée par aucune loi dans le cas qui nous occupe.

71. — Nous allons étudier le mode de constatation des naissances qui se produisent à la suite d'une armée en campagne et hors du territoire français ; mais, afin de ne pas sortir du cadre de cette étude, nous n'examinerons que les règles spéciales à la constatation des naissances.

Les déclarations de naissance à l'armée seront faites dans les dix jours qui suivront l'accouchement (article 92 Code civil). Le législateur a pensé qu'il serait souvent difficile aux personnes, qui sont en campagne, de réunir les témoins nécessaires à la rédaction d'un acte de l'état civil et de trouver le moment opportun de faire déclaration. C'est là évidemment le motif qui l'a poussé à accorder un délai plus long que le délai du droit commun, qui souvent eût été insuffisant et nous ne pouvons qu'approuver la disposition qu'il a introduite dans le Code.

La loi a organisé tout un système de constatation de l'état civil des militaires ou autres personnes, employées à la suite des armées. L'article 92 Code civil se rattache à ce système. Il nous faut définir pour savoir les cas d'application de cet article les mots : *employés à la suite des armées*. Les employés de l'armée sont les personnes appartenant à une administration militaire ou à une entreprise d'un service administratif d'armée, commissionnées par le ministre ou par le chef de cette entreprise, avec l'approbation du ministre, et les personnes qui n'ayant pas de commission sont autorisées par le major général ou le grand prévôt à suivre les armées, où elles remplissent des fonctions ou rendent des services quelconques (Instructions du ministre de la guerre 1809-1823). La règle est que la naissance des enfants nés dans les camps ne peut être constatée d'après les principes des articles 88 et suivants du Code civil, que lorsque ces enfants sont nés de femmes de militaires ou d'employés à la suite des armées.

La dérogation de l'article 92 Code civil est la seule dérogation au droit commun et les règles s'appliquant aux naissances, qui ont eu lieu à l'intérieur de la France, s'appliquent aux formalités de l'acte constatant une naissance à l'armée. Cependant, les dispositions pénales ne s'appliquent strictement qu'au cas pour lequel elles ont été édictées, nous ne croyons pas que la peine de l'article 346 Code pénal, puisse frapper celui qui, devant déclarer une naissance à l'armée, n'a pas fait cette déclaration dans le délai prescrit par l'article 92 Code civil. A ce motif tiré de la nature des dispositions pénales, nous pouvons en ajouter un autre ; c'est qu'une armée en campagne se trouve dans une situation toute spéciale et qu'au milieu des embarras de la guerre, il se peut que, sans mauvaise volonté et sans négligence, la déclaration de la naissance ne soit pas faite dans les dix jours, qui suivent l'accouchement.

Des instructions ministérielles ont introduit dans notre matière des règles que nous désapprouvons, comme contraires aux dispositions de la loi. D'après ces instructions, les actes de reconnaissance ne peuvent pas, en principe, être reçus par les officiers de l'état civil militaires. Ce n'est, d'après ces mêmes instructions, que dans les cas où la reconnaissance a lieu lors de la naissance ou dans l'acte de mariage des père et mère, qu'elle peut être faite à l'armée. En fait, il n'y a pas alors d'acte de reconnaissance, et dans le second cas spécialement il serait inique d'empêcher la reconnaissance, qui ne pourrait pas avoir lieu après la célébration du mariage. Ce serait empêcher la légitimation de l'enfant naturel. Nous repoussons d'ailleurs la doctrine en nous basant sur les termes très généraux de l'article 88 Code civil, qui porte que les actes de l'état civil pourront être dressés par les officiers de l'état civil militaire et qui embrasse incontestablement les actes de reconnaissance, et sur l'avantage de l'enfant qui a un très grand intérêt à être reconnu et qui dans notre système, pourra profiter d'un moment de tendresse ou d'un remords peut-être passager.

De même que dans le cas de naissance sur un navire, la loi, après avoir prescrit certaines formalités nécessaires à la rédaction de l'acte de naissance, en ordonne d'autres propres à sa conservation. L'officier chargé de la tenue du registre de l'état civil devra, dans les dix jours qui suivront l'inscription d'un acte de naissance audit registre, en adresser un extrait à l'officier de l'état civil du dernier domicile du père de l'enfant, ou de la mère, si le père est inconnu. (Art. 93, c. civ.). L'envoi de l'acte de naissance se fait par l'intermédiaire des ministres de la guerre et de la justice. Le ministre de la guerre légalise la signature de l'officier de l'état civil militaire et sa signature est à son tour légalisée par le ministre de la justice.

Enfin, et comme pour l'acte de naissance dressé sur un navire, l'officier de l'état civil du domicile du père, ou de la mère, si le père est inconnu, auquel il aura été envoyé de l'armée, l'expédition d'un acte de naissance, sera tenu de de l'inscrire suite sur les registres de l'état civil.

72. — Le Code adopta, quant aux enfants naturels, des dispositions qui, sans avoir à l'égard de ces enfants le caractère rigoureux de notre ancien droit, n'étaient pas aussi relâchées que les règles du droit intermédiaire. Il permit la reconnaissance des enfants naturels, qui assure et adoucit leur sort et, comme elle est pour eux une sorte de naissance civile, il en ordonna la mention dans les registres de l'état civil à sa date d'abord, ensuite en marge de l'acte de naissance, s'il en existe, qu'elle vient compléter (M. Thibeaudeau. Exposé des motifs).

Aux termes de l'art. 62, c. civ., l'acte de reconnaissance d'un enfant sera inscrit sur les registres, à sa date ; il en sera fait mention en marge de l'acte de naissance, s'il en existe un. Comme l'acte de reconnaissance est un acte constatant la naissance civile de l'enfant reconnu, il devra être transcrit sur les registres, alors même que la reconnaissance n'aurait pas eu lieu devant l'officier de l'état civil. On peut en effet reconnaître un enfant par un acte authentique autre qu'un acte de l'état civil.

La transcription sur les registres de l'acte de reconnaissance n'est pas nécessaire à sa validité. Quand la reconnaissance sera faite devant l'officier de l'état civil, l'acte qui la constatera sera véritablement un acte de l'état civil et, comme tel, il devra être soumis à toutes les formalités nécessaires à la rédaction d'un acte de l'état civil. Toutes les règles que nous avons exposées s'appliquant à l'acte de reconnaissance, l'omission d'une de ces formalités n'entraînera pas la nullité de l'acte, et ne fera qu'engager la responsabilité de l'officier public (Toulouse, 26 mars 1824). Cette observation a été faite par M. Coin-Delisle qui l'a spécialement appliquée au manque de témoins.

La généralité des termes de l'article 62, C. civ. a amené une discussion, qui est loin d'être close. Certains auteurs (M. Delvincourt), en se basant sur les mots : *acte de reconnaissance d'un enfant*, qui ne précisent pas s'il s'agit d'un enfant quelconque ou d'un enfant naturel, croient que la loi a voulu permettre la reconnaissance de tous enfants naturels ou légitimes et ils ont imaginé des espèces dans lesquelles la reconnaissance d'un enfant naturel pourrait être utile. Voici l'une de ces espèces : La mère accouche dans un lieu où elle est inconnue et ne peut parler. L'enfant, dont elle est] accouchée, sera inscrit comme né de mère inconnue. Il serait utile que, pour assurer son état, le père puisse le reconnaître. C'est cette faculté que, d'après ces auteurs, lui donne l'article 62, C. civ. Nous ne pouvons adopter ce système. Et d'abord la reconnaissance dans l'espèce citée n'est rien moins que nécessaire. Cette espèce doit donner lieu à une action en rectification des actes de l'état civil et c'est tout. La reconnaissance serait d'ailleurs contraire à la loi. En effet, pour modifier ou compléter un acte de l'état civil, il faut un jugement. Une fois l'acte inscrit, l'officier de l'état civil ne peut en rien le rectifier, il ne peut non plus y rien ajouter. Or ici, quel serait l'effet de la reconnaissance? Elle viendrait modifier et compléter l'acte de naissance de l'enfant reconnu et ce résultat serait atteint sans l'intervention de la justice. C'est impossible. Le système que nous combattons aurait d'ailleurs un autre danger. Non-seulement il permettrait de modifier un acte de l'état civil, sans entourer cette modification de toutes les garanties désirables, mais encore il permettrait l'introduction d'enfants étrangers dans une famille, sans que cette introduction soit soumise aux formes de l'adoption. Ce dernier inconvénient qu'on a spécialement voulu éviter, en décidant qu'un acte de naissance dressé longtemps après l'époque attribuée à la naissance de l'enfant, ne prouve cette naissance que du jour de sa date (Paris 9 août 1813), et qu'on ne peut écarter qu'en suivant notre système, devrait faire repousser l'opinion que nous combattons, indépendamment même des autres motifs, que nous venons de donner. Il ne faut à aucun prix éloigner des ennuis de la paternité, en permettant aux époux déjà âgés d'introduire dans leur famille un enfant, qui aurait le titre d'enfant légitime, au moyen d'une reconnaissance peut-être mensongère. Ce serait tourner la règle par laquelle on ne peut légitimer que les enfants reconnus au plus tard dans l'acte de célébration du mariage. Pour toutes ces raisons, nous repoussons le système de M. Delvincourt et nous adoptons l'opinion dans laquelle, on ne peut reconnaître qu'un enfant naturel, et qui a pour elle l'autorité de MM. Coin-Delisle et Marcadé.

Nous devons, en terminant cet exposé rapide des règles qui régissent les actes de reconnaissance, signaler une lettre du procureur de la République près le tribunal de la Seine. Il y est ordonné à l'officier de l'état civil d'admettre la reconnaissance d'un enfant, bien que la paternité paraisse impossible, en égard à l'âge du déclarant.

Cette lettre est conforme à la loi, qui n'a pas fixé d'âge au-dessous duquel la reconnaissance d'un enfant soit impossible. Nous trouvons cependant sa disposition trop générale et nous croyons qu'il faut laisser, en cette matière, un certain pouvoir d'appréciation à l'officier de l'état civil. Qu'il soit obligé de recevoir la reconnaissance faite par une personne qui est sur le point d'atteindre l'âge nécessaire au mariage, nous n'y voyons pas d'inconvénients ; mais qu'il puisse refuser de recevoir la déclaration de reconnaissance faite par un enfant ou par une personne qui est à peine sortie de l'enfance.

Signalons enfin une mesure fiscale qui se rattache à notre sujet. Les articles 43 et 45 de la loi du 22 frimaire an VII soumettent à un droit fixe de 2 francs les reconnaissances d'enfants naturels faites dans l'acte de célébration du mariage, et à un droit fixe de 5 francs celles qui sont faites autrement. L'article 77 de la loi du 15 mai 1818 ordonne d'enregistrer gratis les actes de reconnaissance d'enfants naturels, appartenant à des individus notoirement indigents. Cette exemption ne s'étend pas au droit de timbre.

Des dispositions prises par l'administration des hospices et par la ville de Paris dispensent les indigents de tous droits d'enregistrement et de timbre.

CHAPITRE IV

73. — Nous allons dans ce chapitre étudier quelques questions qui, sans faire partie intégrante des règles qui régissent les actes de naissance, se rattachent si directement à ces règles, que nous ne pouvons, sans les examiner, terminer ce travail, quelque sommaire qu'il soit.

Aux termes de l'art. 419 C. civ. la filiation des enfants légitimes se prouve par les actes de naissance, inscrits sur les registres de l'état civil. Les termes, dont s'est servi le législateur, sont trop généraux. La preuve de la filiation n'est pas en effet la preuve d'un fait unique et instantané. Elle ne résulte que de celle de l'accouchement de la mère et de l'identité de la personne, dont il s'agit avec l'enfant né de cet accouchement. Or l'acte de naissance ne prouve que l'accouchement. Il serait du reste dangereux qu'il puisse prouver l'identité. Les actes de l'état civil sont publics, tout le monde peut en demander un extrait, rien ne prouve que cet extrait se réfère à la personne qui le possède.

L'acte de naissance ne prouve donc que l'accouchement. A quel titre cet acte a-t-il la force probante nécessaire pour faire preuve de ce fait? Ici nous trouvons dans la loi une théorie peu juridique, mais qui est en fait si souvent conforme à la vérité, qu'on ne peut blâmer le législateur de l'avoir introduite dans le Code. En droit, les actes de l'état civil ne devraient prouver que les faits que l'officier public déclare avoir vus et entendus. Or l'accouchement ne rentre pas dans cette catégorie de faits. Cependant comme la déclaration, qui sert de base à la rédaction de l'acte de naissance, est le plus souvent conforme à la réalité, on a accordé aux actes de naissance la force probante qu'ils n'auraient pas dû avoir, si on n'avait pas voulu s'écarter des conséquences rigoureuses des principes.

Certains auteurs ont adopté l'opinion contraire. Invoquant les principes généraux en matière d'actes de l'état civil et l'article 322, Code civil, qui, sauf dans un cas déterminé, admet la preuve contraire aux énonciations de l'acte de naissance, ils pensent que l'acte de naissance ne prouve pas la filiation jusqu'à inscription de faux. Nous repoussons cette doctrine, qui détruirait tous les liens de famille et qui a contre elle les termes formels de l'article 319, Code civil. Quant à l'argument tiré de l'article 322, Code civil, il ne porte pas. Cet article admet bien la preuve contraire à l'acte de naissance, mais il ne dit en rien que cet acte ne fasse pas foi jusqu'à inscription de faux.

Dans un système mixte on admet comme authentiques les déclarations faites par les personnes qui ont reçu de la loi la mission de les faire et qui ont un caractère d'officiers publics temporaires. Ces déclarations ont, dans ce système, la force authentique en ce qui concerne la filiation légitime.

Il n'en est pas de même quant aux enfants naturels qui doivent être reconnus par leurs parents en personne. Cette distinction est arbitraire et nous repoussons tout le système basé sur elle. Nous ne pouvons admettre, d'ailleurs, le caractère d'officier public temporaire, qu'admettent nos adversaires et que nous ne trouvons nulle part dans la loi.

D'après l'article précité il faut, pour qu'il fasse preuve, que l'acte ait été inscrit sur les registres. Inscrit sur une feuille volante, il n'a aucune force probante. Il ne peut même pas servir de commencement de preuve par écrit. Cette dernière proposition est cependant discutée. Elle n'est pas discutable, selon nous. L'article 323, Code civil, définit, en effet, le commencement de preuve par écrit : un acte émané d'une partie engagée dans la contestation ou qui y aurait intérêt, si elle était vivante. Or, l'acte inscrit sur une feuille volante est émané d'un tiers étranger à la contestation. On a objecté que cet acte émane des père et mère, parce que c'est un acte public fait pour eux. Cette objection renferme une pétition de principes. L'acte inscrit sur une feuille volante est un acte privé et de plus (art. 319, C. civ. Argument *a contrario*) c'est un acte nul.

L'acte de naissance conserve sa force probante, bien qu'il soit irrégulier, pourvu qu'il soit inscrit sur les registres. Peu importe que les indications qu'il renferme soient incomplètes, inutiles ou inexactes. L'article 323, Code civil, fait cependant une réserve. L'enfant, porte-t-il, sera tenu de recourir à la preuve testimoniale, lorsqu'il n'y a pas l'acte de naissance, ou lorsqu'il aura été inscrit sous de faux noms, ou comme né de père et mère inconnus. Dans tous les autres cas, la preuve testimoniale sera inutile, c'est-à-dire que l'acte de naissance conservera sa force probante malgré ses irrégularités. Quant à la preuve de l'identité, qui est un des éléments de la preuve de la filiation, elle peut se faire par toutes sortes de moyens et nous n'avons pas à y revenir.

Il est un cas dans lequel la preuve qui résulte de l'acte de naissance acquiert une force toute particulière. On peut en effet combattre l'acte de naissance et le détruire par la preuve contraire, mais cette preuve contraire devient impossible quand l'acte de naissance est corroboré par une possession d'état conforme à cet acte.

Aux termes de l'article 322 nul n'est admis à réclamer un état contraire à celui que lui donne son titre de naissance et une possession conforme à cet acte ; et, réciproquement, nul ne peut contester l'état de celui qui a une possession conforme à son acte de naissance. Cette présomption, dans quelques cas exceptionnels, pourra ne pas être justifiée ; mais ce sera un fait si extraordinaire, que la loi ne devait pas le prévoir et qu'il a dû être négligé, à cause du trouble qu'une disposition contraire aurait certainement apporté dans le repos et dans la tranquillité des familles.

Nous avons dit à propos de l'article 319 Code civil, que la filiation légitime était seule prouvée par l'acte de naissance. L'article 334 Code civil dit en effet que la reconnaissance d'un enfant naturel sera faite par un acte authentique, quand elle ne l'aura pas été dans son acte de naissance, d'où nous déduisons que l'acte de naissance à lui seul ne prouve pas la filiation naturelle, toutes les indications qui seraient contenues dans l'acte de naissance seraient sans valeur. Cet acte n'a qu'un seul résultat, il prouve le fait de la naissance, il ne prouve pas autre chose.

Cette différence contre la filiation légitime et la filiation naturelle est rationnelle. La naissance d'un enfant légitime est en effet un fait que personne ne songe à cacher et la déclaration qu'on en fait à l'officier public est à peu près toujours exacte. On comprend donc que la loi ait accordé une grande foi à l'acte de naissance, qui est basé sur cette déclaration. La naissance d'un enfant naturel est au contraire tenue souvent secrète. La déclaration qui en est faite n'est que rarement conforme à la vérité, et elle le serait plus rarement encore, si l'acte de naissance avait la force probante, que la loi lui a heureusement refusée. Il n'est pas étonnant que le témoignage de déclarants trompés par la mère ou complice de sa fraude, ait été considéré par la loi comme suspect.

Ce n'est d'ailleurs que l'accouchement de la mère qui est prouvé par l'acte de reconnaissance, Nous trouvons en ce point la même règle que pour la filiation légitime, et cela provient de ce que l'acte de reconnaissance est pour l'enfant naturel ce que l'acte de naissance est pour l'enfant légitime. L'enfant naturel qui veut prouver sa filiation a donc, non seulement à rapporter un acte de reconnaissance, mais encore à prouver son identité avec la personne désignée dans cet acte. Cette dernière preuve peut se faire par toute sorte de moyens.

74. — Nous avons, dans les cas que nous venons d'examiner, supposé qu'il y avait, régulier ou non, un acte de naissance inscrit sur les registres. Que s'il n'en est pas ainsi, il peut se présenter deux hypothèses : ou les registres ont été régulièrement tenus et sans lacune et ils ont été entièrement conservés ; c'est l'hypothèse prévue par les articles 323, 340 et 341 Code civil ; elle rentre dans l'étude de la paternité et de la filiation et nous ne nous y arrêterons pas ; ou les registres n'auront pas existé, ou ils seront perdus en totalité ou en partie ; nous allons examiner cette dernière hypothèse. On supplée à l'inexistence des registres, d'après les règles de l'article 46, c'est-à-dire, en recourant à la preuve testimoniale ou aux papiers émanés des père et mère décédés. Mais nous nous trouvons, quant aux naissances, en présence d'une difficulté qui a amené une vive discussion ; la preuve testimoniale toute nue sera-t-elle admise à suppléer l'acte de naissance, qui tend à prouver non-seulement le fait de l'accouchement mais encore l'origine et la filiation, car il contient non-seulement la mention de la naissance mais encore les noms des père et mère légitimes et ceux des père et mère naturels qui se sont fait connaître ? Que l'on décide que la preuve testimoniale suffit pour prouver la date de la naissance et les prénoms de l'enfant, il n'y a pas d'inconvénient ; mais, disent certains auteurs, elle ne peut à elle seule prouver

la filiation. Les articles 323, 340 et 341 Code civil s'opposent à ce que qui que ce soit prouve qu'il est le fils
légitime ou naturel reconnu de tels et tels, s'il n'existe
aucun commencement de preuve par écrit ou indice grave qui
rende sa prétention vraisemblable. Malgré les liens étroits
qui les unissent, ces auteurs voient dans la naissance et
dans la filiation deux faits bien distincts. Le premier seul
est régi par l'article 46. Le second, à défaut d'actes, ne peut
être prouvé par témoins, que si le demandeur est muni
d'un commencement de preuve par écrit, ou s'il existe en
sa faveur des indices résultant des faits constants et assez
graves pour rendre vraisemblable sa prétention (art. 323,
C. civ.) lorsqu'il s'agit de prouver sa filiation légitime ; la
maternité naturelle ne peut être prouvée par témoins que
s'il existe un commencement de preuve par écrit (art. 341,
C. civ.). Enfin la parternité naturelle ne se prouve jamais
par témoins (art. 340, C. civ.). Ce sont ces articles du
Code qui doivent être appliqués à la preuve de la filiation,
d'autant plus que, au titre de la paternité et de la filiation
il n'y a aucun renvoi à l'article 46, tandis qu'à celui du
mariage, l'article 194 y renvoie pour la preuve de la célébration au cas d'absence des registres.

Nous ne pouvons admettre ce système. D'abord la distinction qu'il comporte est purement arbitraire. L'article 46
Code civil ne dit pas qu'on pourra suppléer par la preuve
testimoniale, à une partie des énonciations de l'acte de
naissance, mais à l'acte de naissance tout entier. Cela résulte
d'abord de la généralité de ses termes, ensuite du but

poursuivi par le législateur qui a voulu remédiér à l'inconvénient de l'absence des registres, ét qui n'aurait adopté, dans le système que nous combattons, qu'une demi mesure insuffisamment efficace. Notre système d'ailleurs est conforme au droit commun, l'article 1348 Code civil, disant que, quelle que soit l'importance de la demande, la preuve testimoniale est possible, quand le créancier a perdu son titre, par suite de quelque cas fortuit. Enfin nous repoussons énergiquement l'application des articles 323, 340 et 341 Code civil, aux hypothèses de l'article 46. Les cas d'application de ces divers articles sont en effet très différents ; tandis que dans les uns il est tout naturel que le demandeur ne rapporte pas de preuve de sa filiation et que l'absence des registres rende sa prétention très vraisemblable, dans les autres, les registres existant, rien ne prouve la vraisemblance de la prétention du demandeur, et il est tout naturel que la loi se soit montrée défiante à son égard.

En résumé, et selon nous la preuve testimoniale toute nue peut être admise à prouver, dans le cas d'inexistence des registres, non seulement le fait de la naissance, l'âge et l'individualité de l'enfant, mais encore l'origine et la filiation.

Notre opinion, qui a pour elle l'autorité de jurisconsultes éminents, a été de plus consacrée par la jurisprudence, qui a admis la preuve par témoins, non-seulement du fait de la naissance, mais encore de la filiation, tout en rejetant la preuve littérale appuyée sur des actes qu'elle n'estimait pas concluants (9 août 1825, Caen).

75. — Il y a lieu a rectification d'un acte de naissance chaque fois qu'il s'agit de la rectification d'un nom de famille. C'est devant les tribunaux qu'il faut porter la demande. Il n'en est pas de même quand il s'agit d'un changement de nom patronymique. C'est alors au gouvernement qu'il faut s'adresser.

C'est aux tribunaux qu'il faut demander la rectification des prénoms, pris pendant la Révolution et qui ne rentrent pas dans les catégories des prénoms déterminées par la loi du 11 germinal an XI (Voir le n° 61). Cette loi permet à toute personne qui porte actuellement comme prénom, le nom d'une famille existante ou un nom quelconque, non compris dans la désignation de la loi, d'en demander le changement. Ce changement aura lieu d'après un jugement du tribunal, qui prescrira la rectification de l'acte de naissance. Ce jugement sera rendu, le procureur de la république entendu, sur simple requête, présentée par celui qui demandera le changement, s'il est majeur, ou par ses père et mère, ou tuteur, s'il est mineur. Quant au tribunal compétent, il sera désigné d'après les principes ordinaires (M. Hutteau d'Origny).

Les actes de l'état civil doivent être rectifiés quand ils contiennent une énonciation contraire aux lois ou aux mœurs. Ainsi il y a lieu de rectifier un acte de naissance présentant un enfant comme né d'un beau-père et d'une belle-sœur unis par les liens du mariage, alors que ce mariage était absolument prohibé et qu'il s'agissait d'une filiation incestueuse que la loi défend de reconnaître (Paris, spèce

10 août 1839). Voici un extrait des considérants de cet arrêt.

« La Cour... Considérant que la demande en rectification de l'acte de naissance est recevable, puisque ayant intérêt à faire légalement fixer son état, le demandeur a eu le droit de la former et que cette demande est dès à présent suffisamment justifiée ; considérant... que la naissance du demandeur est attribuée à une union illégitime, incestueuse et qui est prohibée par la loi ;... Considérant que le demandeur est d'autant mieux fondé à réclamer la suppression des énonciations, si mal à propos introduites dans l'acte de naissance, que ces énonciations ne peuvent que lui préjudicier en le présentant comme le fruit de l'inceste, sans qu'il puisse en retirer aucun avantage, puisque la reconnaissance de l'enfant incestueux ne peut pas plus être invoquée par lui, qu'elle ne lui serait opposable de la part d'un tiers... »

Dans l'espèce l'action était intentée par un mineur représenté par un tuteur *ad hoc*. Voici une autre espèce résolue par la Cour de Besançon. (Arrêt du 3 juin 1808) et qui consacre le droit qu'ont les parties intéressées de demander la rectification d'un acte de naissance, constatant une filiation adultérine ou incestueuse :

Un enfant est inscrit sur les registres de l'état civil, comme d'un individu marié, non présent à l'acte, et qui meurt le reconnaître. La demande en rectification de l'acte ssance dirigée par le père du défunt contre la mère dé t mineur doit être admise par le juge qui ne peut refuser la rectification, sous le prétexte que, s'agissant d'une demande intéressant l'état de l'enfant, la mère ne pourrait y acquiescer sans l'autorisation du conseil de famille. Un des considérants de l'arrêt justifie pleinement cette décision : « La Cour... Considérant sur la rectification demandée : 1° qu'elle ne peut point souffrir de difficulté, l'enfant n'ayant jamais été reconnu ; 2° que les premiers juges en exigeant l'autorisation du conseil de famille, sur le motif que cette rectification était acquiescée par la mère, ont mal appliqué l'article 464 du Code puisque l'appelante ne prenait point de titre de l'acquiescement en question pour faire rectifier cet acte de naissance, mais de la justice de cette rectification... »

Il n'est d'ailleurs pas nécessaire, comme cette décision le prouve, de demander en personne la rectification de son acte de naissance. Les personnes, qu'un lieu de famille ou qu'un intérêt unit intimement à celui dont il s'agit dans l'acte de naissance, peuvent demander la rectification de cet acte. C'est ainsi que le 11 mars 1841 le tribunal de la Seine a décidé que l'action en rectification de l'acte de naissance n'étant pas exclusivement réservée aux enfants, une mère peut demander la rectification des actes de naissance de ces enfants inscrits comme légitimes, lorsqu'ils ne sont réellement qu'enfants naturels.

Nous pouvons même étendre ce principe et dire que dans certains cas la rectification, facile à obtenir pour un parent, serait très difficile à obtenir, si l'enfant, dont l'état est en question, la demandait lui-même. Citons cette espèce proposée par M. Duranton. Un enfant abandonné dès sa naissance veut se faire reconnaître par des personnes, à qui il présente un acte de naissance inscrit sur une feuille volante et qu'il prétend s'appliquer à lui. Il demande l'inscription sur les registres de cette feuille volante. Cette inscription ne pourra avoir lieu, qu'après que au préalable la question d'état, aura été jugée. Le contraire aurait lieu si cette inscription était demandée par les parents, cette demande donnant à l'enfant une possession d'état conforme à son acte de naissance.

L'acte de naissance rectifié a la même force probante qu'un acte qui aurait contenu dès le début toutes les énonciations qu'on y a postérieurement introduites. Il fait foi tant qu'il n'a pas été rectifié de nouveau, et c'est en vain qu'on allèguerait que celui qui veut se l'appliquer, a un titre et une possession contraires. Nous avons dans ce sens une décision du tribunal de cassation du 25 mai 1793. Nous en extrayons ce motif : « Attendu que l'ordonnance du ci-devant sénéchal de Bordeaux rendue le 5 novembre 1787 (ordonnance rectificative d'un acte de naissance) subsiste dans toute sa force, parce qu'elle n'a été ni rétractée ni reformée par aucun jugement postérieur, et atttendu qu'en vertu et aux termes de cette ordonnance.. »

Un jugement rectificatif réparant l'omission d'un acte de naissance peut avoir un effet important, alors même que déclarant qu'un individu est né de parents inconnus, il ne donne à cet individu aucun droit de famille. L'acte rétabli portant qu'un tel est né tel jour, à tel lieu situé en France, attribue à cet individu la qualité de français, pourvu que le jugement ait été rendu contradictoirement avec le ministère public; et c'est en vain que les tiers opposeraient qu'ils n'ont pas été appelés au jugement. Il faudrait, pour le faire tomber, rapporter la preuve que l'individu dont s'agit n'est en réalité pas français (Poitiers 26 juin 1829).

Cette décision est basée sur ce principe que, lorsqu'il s'agit de la qualité de français, le représentant du ministère public peut être considéré comme agissant au nom de l'ensemble des citoyens. Cette idée a été généralisée par quelques auteurs qui, du domaine de la société, ont transporté dans celui des relations de famille ce principe, qu'il est un représentant légal dont la présence dans une action en rectification rend la décision intervenue opposable à tout le monde. Quand le contradicteur principal aura été mis en cause le jugement fera foi, non-seulement contre lui, mais encore contre tous les siens. Un individu demande la rectification d'un acte d'où découlerait sa filiation légitime. Il agit contre celui dont il se dit le fils et triomphe. Il peut opposer à tout le monde le jugement de réparation qu'il a obtenu.

76. — Les peines portées contre le défaut de déclaration de naissance, doivent-elles être prononcées quand il s'agit d'un enfant mort-né ? Nous ne le pensons pas. L'enfant qui sort déjà mort du sein de sa mère n'a jamais eu d'existence ni en fait, ni en droit, et on ne peut le considérer comme une personne. Il ne peut faire l'objet d'un acte de naissance, la naissance étant le commencement de

la vie et la vie n'ayant jamais commencé pour lui. Ces considérations, tirées de la nature des choses, sont d'ailleurs conformes à l'esprit de notre législation. L'article 56, Code civil, renferme si peu une obligation de déclaration de la naissance des enfants morts-nés, qu'un décret (4 juillet 1806) a été nécessaire pour ordonner la rédaction d'un acte concernant les morts-nés. Or, ce décret ne prescrit pas, comme l'article 56, Code civil, aux personnes qui auraient assisté à l'accouchement d'en faire la déclaration à l'officier de l'état civil. Et cette disposition est rationnelle. Il ne s'agit pas, en effet, d'une naissance ; cette remarque est si exacte que le décret n'a pas parlé du moment où l'enfant est *né*, mais du moment où l'enfant est *sorti du sein de sa mère*. De plus, c'est au registre des décès et non à celui des naissances que doit être relaté l'acte dont il s'agit. Enfin, un autre argument peut être tiré de la rubrique de la section dans laquelle l'article 346, Code pénal, qui punit l'absence de déclaration, est placé. Il est matériellement impossible de commettre, à l'égard d'un enfant mort-né, un des crimes ou des délits dont il est fait mention dans cette rubrique.

La question que nous étudions est vivement discutée et le système que nous venons d'exposer et que nous croyons devoir adopter, a de nombreux adversaires, qui invoquent les arguments suivants :

L'article 346, Code pénal, a pour but de faire déclarer aux officiers de l'état civil tous accouchements ; d'un autre côté, le décret du 4 juillet 1806 contiendrait une disposition incomplète s'il n'avait pas de sanction, et c'est l'article 346, Code pénal, qui sert nécessairement de sanction à ce décrét. Le décret de 1806 ne modifie d'ailleurs en rien la disposition de l'article 56, Code civil, disposition d'ordre public basée sur les considérations les plus graves d'utilité générale ; il n'affaiblit sous aucun rapport l'obligation de déclaration imposée aux personnes qui ont assisté à un accouchement, et il n'influe en rien sur les peines prononcées contre ceux qui ont manqué à cette obligation.

Il est facile de combattre ces arguments et de les réfuter. Nos adversaires soutiennent que le décret de 1806 n'a en rien modifié l'article 56 Code civil ; mais c'est là une pure affirmation démentie par les termes mêmes de ce décret. Ils invoquent l'intérêt général engagé à ce que les accouchements soient régulièrement déclarés ; mais dans notre cas, cet intérêt tombe complètement et c'est précisément en cela que notre hypothèse s'écarte de celle prévue par les articles 56, Code civil, et 346, Code pénal. Et d'ailleurs où s'arrêter dans le système que nous combattons ? Appliquera-t-on les peines de l'article 346 Code pénal au cas d'accouchements qui n'auront produit que des fœtus informes ? Évidemment non. Il y a donc une limite à tracer, une distinction à faire. Cette limite, cette distinction sont-elles dans la loi ? Non. Il faudra les laisser à l'appréciation arbitraire de celui qui aura assisté à l'accouchement et qui sera tenu de faire la déclaration, de l'officier de l'état civil et du juge. Ces conséquences doivent, ce nous semble faire rejeter le système que nous combattons.

Quand une déclaration de naissance est faite par un mari qui suppose à sa femme un enfant dont elle n'est pas accouchée il y a lieu d'appliquer l'article 345, Code pénal. Et il a été justement décidé que l'individu prévenu d'un pareil fait avait été légalement envoyé en Cour d'assises.

La Cour de cassation (3 messidor an XII) a décidé que l'absence de l'intention de nuire empêchait des poursuites criminelles d'être dirigées contre les auteurs de l'inscription d'un acte de naissance, inscription faite après coup et à une date inexacte. Cette décision nous paraît bien indulgente, même étant admis qu'il n'y avait là que négligence et non intention frauduleuse.

La peine prenoncée contre l'auteur d'une infraction aux lois sur les actes de naissance peut être tempérée par l'admission des circonstances atténuantes et la Cour de Grenoble (arrêt du 5 mai 1838) a décidé que les peines édictées par l'article 356, Code pénal ; contre la personne qui, ayant assisté à un accouchement, n'a pas fait la déclaration prescrite par l'article 56 Code civil, pouvaient être modérées, conformément à l'article 463, Code pénal, et spécialement que des circonstances atténuantes devaient être admises en faveur de la mère qui a voulu cacher le déshonneur de sa fille, et qui n'a pas déclaré la naissance de l'enfant dont cette fille est accouchée en dehors du mariage.

APPENDICE

LACUNES DANS LES ACTES DE L'ÉTAT CIVIL. — AMÉLIORATIONS INTRODUITES PAR L'ADMINISTRATION DANS LA TENUE DES ACTES DE L'ÉTAT CIVIL. — PROJET DE CENTRALISATION DES ACTES DE L'ÉTAT CIVIL.

§ 1. — *Lacunes dans les actes de l'état civil.*

77. — La rédaction des actes de l'état civil a été entourée par la loi de toutes sortes de garanties. La présence des personnes qui y figurent donne à la constatation des faits relatés un caractère d'authenticité presque absolue. Les énonciations contenues dans les actes étant laissées au soin du maire, ou, en fait, d'un employé capable et choisi par lui, offrent généralement une clarté et une précision très grandes. Enfin la conservation des registres a été assurée par des précautions si minutieuses qu'il a fallu des événements extraordinaires pour que, depuis que les lois actuelles sont en vigueur, on ait eu à déplorer une fois la destruction totale de ces registres. L'organisation des actes de l'état civil en France offre donc des qualités très réelles. Nous croyons pourtant qu'elle est incomplète et que nos lois, parfaites en ce qu'elles prescrivent, offrent sur certains points des lacunes graves.

Nous ne pensons pas qu'il y ait rien à ajouter au Code civil et aux lois qui s'y attachent, quant à la tenue matérielle des registres, quant à leur conservation et même quant à la rédaction des actes pris isolément et considérés comme constituant à eux seuls un ensemble complet. Malheureusement cela ne suffit pas. Ce sont des éléments excellents d'une organisation de l'état civil que nous trouvons dans nos lois, mais l'organisation n'est pas parfaite. Voici en quoi elle pèche.

a. — L'état civil doit donner sur un individu les renseignements les plus complets. Il doit le prendre à son entrée dans la vie, le suivre à travers les transformations qui apportent des modifications notables à sa position ou à sa capacité et le conduire jusqu'à sa mort. Or chacun de ces événements est bien relaté avec soin, mais aucun lien ne réunit les actes qui constatent les différents événements, naissance, mariage, mort, etc., qui ont modifié l'état d'une personne. Souvent rien n'indique que ces actes se rapportent à la même personne et si on a un de ces actes il est absolument impossible, sans autre renseignement, de se procurer les autres. Ce sont là des inconvénients graves que l'on constate souvent dans la pratique et dont voici des exemples :

Une personne meurt loin de son domicile et le lieu de sa mort reste ignoré. Une succession à laquelle elle eût été appelée, si elle avait été vivante, s'ouvre. L'héritier au dégré subséquent ne peut pas hériter.

Une personne cache un premier mariage et en contracte

un second, sans qu'on puisse retrouver de traces du premier.

Un jeune homme meurt avant d'être appelé sous les drapeaux. Son acte de décès n'étant transmis à aucune autorité de la commune natale, il est considéré comme insoumis.

Voilà quelques-uns des exemples très nombreux que l'on pourrait donner du danger qu'il y a à ne pas réunir en un même lieu tous les actes qui concerne un même individu.

b. — Une autre lacune existe dans nos lois. Il serait non-seulement nécessaire d'établir un lien entre les différents actes qui concernent le même individu, mais il faudrait encore unir entre eux les actes de l'état civil qui se rapportent aux différents membres d'une même famille. Avec un procés-verbal de la naissance, du mariage ou de la mort d'un individu, il faudrait pouvoir reconstituer la vie civile non-seulement de cet individu, mais encore de tous ses parents. La reconstitution de la généalogie d'une famille quelconque, qui est à l'heure présente une œuvre, si ce n'est impossible, du moins bien difficile, devrait pouvoir être le résultat de recherches relativement courtes et facilement dirigeables. Voici quelques espèces qui montrent les effets excellents que produirait un lien pareil entre les actes de l'état civil d'une famille.

Des mariages rendus très difficiles, si ce n'est impossible, par la difficulté où l'on se trouve de se procurer les pièces constatant l'état civil des parents des futurs époux, seraient rendus très faciles à célébrer.

Un individu meurt et on ne sait à qui revient sa succession. Ce résultat serait évité avec une organisation autre que celle que les rédacteurs du Code ont adoptée pour les actes de l'état civil.

On pourrait multiplier ces exemples à l'infini, et la preuve que ce ne sont pas là des cas exceptionnels c'est la constitution de sociétés dont le but est la recherche des successions sans héritiers ; c'est la difficulté qu'éprouvent si souvent les membres des sociétés de bienfaisance qui poursuivent la légitimation des unions illicites à se procurer les pièces nécessaires au mariage de leurs protégés et enfin ce sont les dispositions législatives suivantes : Ar. C. d'Ét. du 4 thermidor an XIII. Loi du 10 décembre 1850. Le législateur cherchant par plusieurs moyens à diminuer la difficulté qu'il y a à se procurer les actes de l'état civil, dont on a besoin, a, par cela même, reconnu cette difficulté. Malheureusement les moyens qu'il a employés ne sont que de faibles palliatifs.

On peut résumer les inconvénients que nous venons de signaler en un seul, ignorance du lieu ou un acte a été passé. La difficulté était déjà bien grande autrefois, car il suffit de l'absence d'un acte pour empêcher l'établissement de la preuve de la parenté, et quelle est la famille dont tous les membres sont nés, se sont mariés et sont morts dans le même lieu, ou dans un lieu resté dans la mémoire de ceux qui ont besoin d'en reconstituer la généalogie. Aujourd'hui que les progrès de la civilisation, le développement des voies de transport et l'extension des relations entre les différentes parties d'une nation et entre

les nations elles-mêmes ont relâché le lien qui unissai
autrefois les individus à leur pays natal et éparpillé les
familles, ce qui était difficile autrefois est devenu d'une
impossibilité presque absolue et la législation, dont on
pouvait à la rigueur se contenter il y a soixante ou quatre-
vingts ans, est devenue complétement insuffisante aujour-
d'hui.

Pour apporter un remède efficace à cet état de choses il
y aurait cependant un moyen bien simple : la centralisation en un lieu déterminé de tous les documents se rap-
portant à l'état d'un même individu. Si cette contralisation
était mise en pratique, toutes les difficultés auxquelles on
se butte maintenant seraient applanies, et on ne verrait
plus se présenter des faits semblables au suivant : le sieur F.
meurt laissant un testament public ; plus de vingt ans après
ce testament est attaqué par la voie de l'inscription de faux.
Dans l'enquête qui fut faite. une partie produisit des témoins qui étaient ses parents à un degré assez rapproché
pour pouvoir donner lieu à des reproches. La parenté était
connue de tout le monde ; on ne put pourtant arriver à
l'établir et ce ne fut que longtemps après le jugement définitif que le hasard permit de la prouver. Nous reviendrons
d'ailleurs dans le § 3, de cet appendice sur ce sujet qui
rentre essentiellement dans le cadre de notre étude. C'est
en effet au lieu de la naissance que nous proposerons de
faire cette centralisation, et c'est par quelques additions au
contenu des actes de naissance, que nous voudrions voir
combler les lacunes du Code civil.

c. — Une autre critique a été faite à notre législation. Indépendamment de l'insuffisance de la loi quant aux énonciations à insérer dans les actes de l'état civil, on a reproché au législateur son silence sur les formules à employer, et l'absence d'uniformité dans la rédaction de ces actes que ce silence ne pouvait pas manquer de produire. Quelques administrateurs ont bien essayé de faire disparaître ce défaut, qui n'en a pas moins continué à subsister dans la majeure partie des cas, mais la question n'en reste pas moins à résoudre au point de vue législatif.

d. — Il serait enfin à désirer de voir se généraliser une amélioration qui s'est introduite dans les relations internationales. Mais en ce point la réforme à apporter au Code civil ne serait que secondaire et n'aurait pour but que la possibilité d'exécution de traités conclus avec les nations étrangères. L'amélioration dont nous voulons parler est celle qui consiste dans l'échange par voie diplomatique des actes de l'état civil. Cet échange a acquis une importance toute particulière depuis que la plupart des nations ont adopté le service militaire obligatoire. Il est en effet nécessaire pour dresser les listes des jeunes gens appelés par une nation d'avoir les actes de naissance des personnes de cette nation nées en pays étranger. Si la naissance a été constatée par un agent consulaire représentant la nation à laquelle le nouveau-né appartient, il n'y a pas de difficulté, presque tous les pays, et notamment la France, enjoignant à leurs agents consulaires l'ordre de faire parvenir à la métropole les actes de l'état civil qu'ils auront reçus. Il n'en est plus de même si ce sont les autorités locales, qui ont rédigé l'acte concernant l'individu qui est un étranger dans leur pays. Ces autorités ne sont en rien obligées de communiquer cet acte à la nation dont cet étranger fait partie. On voit combien sera complète, dans le cas qui nous occupe, l'impossibilité de dresser la liste des jeunes gens appelés sous les drapeaux, si quelques-uns de ces jeunes gens sont nés à l'étranger et si leurs actes de naissance n'ont pas été reçus par les agents consulaires de leurs pays.

Cet inconvénient existe aussi pour les mariages et les décès, quoique à un degré moindre, que pour les actes de naissance ; d'abord parce que l'article 171 Code civil assure, bien imparfaitement d'ailleurs, la transcription des actes des mariages des Français célébrés à l'étranger (nous ne nous plaçons plus ici qu'au point de vue du droit français), ensuite parce que des actes de naissance, de mariage et de décès, les premiers sont incontestablement les plus importants, surtout depuis l'extension qu'a prise dans ces dernières années le service militaire obligatoire.

Il ne suffit pas de traités internationnaux pour améliorer complètement cet état de choses. Les conventions diplomatiques peuvent lier les gouvernements, mais il faut de plus que dans chaque pays les lois intérieures donnent aux gouvernants le droit d'imposer aux officiers de l'état civil la transcription des actes communiqués par les gouvernements étrangers. C'est ce droit qui n'est pas mentionné dans nos lois civiles et que nous voudrions y voir introduit car malgré une communication du ministre de l'intérieur (21 mai 1875) nous croyons qu'aucune de nos dispositions législatives ne le donne au gouvernement. Cette question est d'ailleurs vivement discutée et nous l'examinerons au paragraphe suivant.

Ce sont là les modifications que nous considérons comme utiles d'introduire dans notre état civil. Elles peuvent se rapporter à trois ordres d'idées bien distincts : Création d'un lien entre les actes qui se rapportent à un même individu ou aux membres d'une même famille ; introduction d'une rédaction uniforme dans les actes de l'état civil ; échange des actes de l'état civil entre nations. Nous étudierons ces deux dernières questions dans notre second paragraphe, réservant la première qui est de beaucoup la plus importante pour le troisième paragraphe de cet appendice et en ayant toujours le soin d'écarter les matières qui, traitant des actes de mariage ou de décès, ne s'appliqueraient pas spécialement aux actes de naissance.

§ 2. — *Améliorations introduites par l'administration dans la tenue des actes de l'état civil.*

78. — Nous allons au début de ce paragraphe nous occuper des mesures prises pour l'unification des formules à employer dans la rédaction des actes de l'état civil, renvoyant à la fin l'étude des conventions tendant à l'échange international de ces actes.

Avant la promulgation du titre II du Code civil, on avait

employé dans la rédaction des actes de l'état civil des formules imprimées qui avaient pour résultat de rendre uniforme la rédaction des actes de l'état civil. Ces formules d'abord mal rédigées avaient été réglementées par un arrêté du gouvernement du 19 floréal an VIII, qui en généralisa l'emploi (voir le n° 43). Malheureusement la promulgation du titre II du Code (30 ventôse an XI. 21 mars 1803), fit disparaître l'em, loi de formules, qui n'étaient plus conformes au texte de la loi nouvelle, et qu'on supprima définitivement le 22 septembre 1803. Cette suppression fut regrettable. Les anciennes formules ne cadrant plus avec les dispositions nouvelles, on eut pu en établir d'autres modèles, sans les abandonner en principe.

Les officiers de l'état civil rédigèrent dès lors à leur guise les actes que la loi leur avait confié la mission de dresser. Ils y introduisirent souvent des énonciations contraires aux dispositions de la loi. Il arriva aussi qu'ils omirent des mentions prescrites par le Code. Dans les villes cet inconvénient ne fut pas encore trop grand, les maires y remplissant certaines conditions d'instruction, des employés capables étant généralement préposés à la tenue des registres et la surveillance du procureur de la République s'exerçant d'une façon directe, efficace et immédiate. Il n'en était plus de même dans les campagnes où les maires, souvent ignorants des prescriptions de la loi, dressaient des actes contenant nombre de mentions inutiles et manquant quelquefois des énonciations essentielles. Ces inconvénients avaient plusieurs fois frappé les administrateurs et les officiers de police judiciaire spécialement chargés de la surveillance des registres de l'état civil. De nombreuses lettres, circulaires et décisions de toutes sortes avaient réprimé l'usage de mentions inutiles ou l'omission de mentions nécessaires. Mais il n'y avait pas eu jusque dans ces dernières années de prescriptions générales, tendant à l'uniformité dans les formules employées. L'honneur de l'initiative d'une pareille mesure devait revenir à M. Hérold.

Plusieurs fois le procureur de la République près le tribunal de la Seine s'était plaint de ce que la rédaction des actes de l'état civil ne fut pas uniforme dans toutes les mairies de Paris. Une commission due à l'initiative des maires et adjoints de Paris, et qui comprenait plusieurs de ces officiers publics, se réunit sous la présidence du préfet de la Seine. Diverses formules furent adoptées par cette commission. Le procureur de la République les approuva, en se contentant de faire quelques réserves, et elles furent employées à partir du 1er janvier 1881.

Nous regrettons de ne pouvoir donner toutes ces formules, rédigées avec des variantes prévoyant à peu près tous les cas possibles, par M. Hérold lui-même, avec un soin extrême et une connaissance parfaite des différentes hypothèses qui peuvent se présenter dans la pratique. Nous nous contenterons de citer les formules qui se rapportent aux naissances. Si leur emploi a été jugé utile à Paris où on a déjà pu apprécier les résultats excellents qu'il a produits, on peut estimer quels résultats bien plus efficaces il pourrait produire dans les campagnes, où il constituerait le seul moyen d'avoir enfin des registres régulièrement tenus. Aussi insisterions-nous énergiquement pour qu'il soit au moins recommandé par les ministres de la justice et de l'intérieur qui pourraient prendre une mesure générale et s'appliquant à toute la France, comme celle qui fut prise il y a quelques années par M. Dufaure et qui conseillait l'usage des livrets de famille, dont nous parlerons sous peu.

A l'heure actuelle en effet les circulaires ministérielles et les observations des parquets, trop nombreuses par cela même qu'elles ne s'occupent que de détails, sont, pour la plupart au moins, inconnues des officiers de l'état civil, qui ne s'inspirent pour la rédaction des actes que de formules usités dans leur commune ou tirées de formulaires souvent mal faits et remplis d'erreurs. En admettant même que tous les actes soient dressés régulièrement, ce qui en fait n'a pas lieu, la diversité des formules rend les recherches difficiles et on doit l'éviter autant que possible. C'est pourquoi nous demandons que la réforme faite pour Paris soit étendue à toute la France.

La forme employée désormais dans la rédaction des actes de l'état civil à Paris est celle du procès-verbal. Elle était avant le 1er janvier 1881 employée dans quelques mairies ; mais dans d'autres on avait adopté la forme de l'acte notarié, incontestablement moins logique et moins simple et qui déjà avait été écartée des formules de l'arrêté du 19 floréal an VIII.

Ces notions générales données et écartant à regret l'ensemble des prescriptions générales s'appliquant à tous les actes de l'état civil, nous passons à l'examen des formules se rattachant spécialement aux naissances.

L'ordre des signatures n'est pas arbitraire et celles qui sont apposées au bas de l'acte de naissance doivent être apposées ainsi : celle du déclarant la première, puis celles des témoins et enfin celle de l'officier de l'état civil qui doit toujours clore l'acte. Ce sont les seules signatures qui doivent se trouver dans l'acte de naissance.

Une seule question pouvait faire naître des difficultés sérieuses dans la rédaction des formules. Nommerait-on dans l'acte de naissance les père et mère de l'enfant naturel? Autour du nom de la mère au moins, de grandes controverses ont été soulevées ; il fallait, pour arriver à une rédaction uniforme des formules, adopter l'un des systèmes présentés, leur conciliation étant impossible. Voici les principes admis par la commission et rappelés, pour qu'ils fussent uniformément appliqués dans tous les arrondissements de Paris, dans la lettre du préfet de la Seine aux maires de Paris (20 décembre 1880) : 1° les père et mère doivent être dénommés, dans l'acte de naissance d'un enfant naturel, lorsqu'ils reconnaissent l'enfant, soit par eux-mêmes, soit par un fondé de pouvoir ; 2° le père naturel ne doit être désigné que lorsqu'il est déclarant ou lorsqu'il a donné une procuration authentique à fin de reconnaissance ; 3° le nom de la mère, même sans son aveu, peut être inscrit dans l'acte ; 4° si les déclarants désignent un enfant naturel comme né d'une femme mariée et d'un autre que mari, ou d'un homme marié et d'une autre que sa femme, le nom patronymique de la mère doit seul être indiqué ; 5° il en sera de même en cas de naissance incestueuse ; le nom de la mère doit être seul indiqué dans l'acte.

Quoique nous ayons combattu le système consacré dans le 3°, nous ne pouvons qu'approuver dans son ensemble une mesure qui a pour but d'amener dans la matière des actes de naissance une uniformité non seulement de rédaction, mais encore de principes, si désirable à tous les points de vue.

La lettre du 20 décembre 1880 rappelle encore la disposition du Code relative au nom que peut porter l'enfant naturel reconnu. Il n'a droit au nom de son père ou de sa mère que s'il est reconnu par l'un ou par l'autre. Que si les deux l'ont reconnu, il porte le nom de son père. S'il n'y a pas eu de reconnaissance au moment de la naissance, l'enfant, même dans le cas où la mention du nom de sa mère serait faite dans l'acte de naissance, ne doit être désigné dans l'acte que par ses prénoms.

Ces innovations ne constituent qu'une application de la loi, des prescriptions de laquelle elles assurent l'exécution. Leur effet immédiat sera de rendre les actes nuls ou irréguliers moins nombreux, les recherches plus faciles et de mettre la rédaction des actes de naissance à la portée d'employés peu instruits. Ces avantages incontestables amèneront, nous en sommes certains, la généralisation d'une mesure qui constitue une réforme utile. On trouvera à la fin de cette étude et sous le n° 90, les formules dont nous venons d'examiner la rédaction et les résultats pratiques.

Nous croyons devoir répéter l'observation de la lettre du 20 décembre 1880, dans laquelle le préfet de la Seine faisait remarquer que pour rendre les formules plus claires et pour en faciliter l'application aux employés des bureaux de l'état civil, on les avait divisées en alinéas, séparés par des interlignes, mais que cette disposition typographique ne devait pas être reproduite dans les actes. En effet, la règle de l'article 42, C. civ., qui exige que les actes soient inscrits, de suite, sans aucun blanc, a toujours été étendue des actes considérés dans leur ensemble aux énonciations que chacun d'eux renferme, et cette interprétation excellente quant à ses résultats, n'est plus discutée aujourd'hui.

79. — Avant de nous occuper des conventions internationales qui ont pour but l'échange des actes de l'état civil, nous voulons indiquer les réformes et les améliorations introduites dans la tenue des actes de l'état civil par des administrateurs soucieux des intérêts de leurs administrés et et de la conservation des actes constatant leur état.

Après la commune, on se trouva, le palais de justice et l'hôtel-de-ville, où étaient conservés les actes de l'état civil ayant été incendiés, en présence de la difficulté inouïe de la reconstitution des actes de l'état civil d'une ville comme Paris. La pensée d'une seconde destruction des archives municipales s'imposa alors à la prévoyance des administrateurs de la ville, qui songèrent au moyen de faciliter la reconstitution des actes de l'état civil, si cette reconstitution redevenait un jour nécessaire.

La centralisation dans un édifice public des archives de

l'état civil était la cause de dangers qu'il fallait éviter, car il est bien improbable que, si on dissémine ces archives, si par exemple on confie à chaque chef de famille celles de sa famille, un évènement, guerre ou insurrection, détruise à la fois toutes les maisons d'une localité et nécessite une reconstitution totale des actes de l'état civil d'une ville.

C'était évidemment dans cet ordre d'idées qu'il fallait chercher une mesure propre à sauvegarder efficacement les registres de l'état civil. L'augmentation du nombre d'originaux des actes n'aurait présenté qu'un accroissement relatif de sécurité, si ces originaux nouvellement créés avaient dû être renfermés dans un local unique, exposé comme les dépôts du greffe et de la mairie à une destruction totale.

En un mot on songea alors à la création d'un état civil privé fonctionnant parallèlement à l'état civil public. Mais cet état eût fourni des renseignements bien incertains et bien incomplets, si on avait laissé le soin aux particuliers de faire eux-mêmes les mentions destinées à constater leur état ou l'état des membres de leurs familles. L'état civil abandonné à la négligence ou à l'ignorance privée est le propre des sociétés non encore organisées ou en décadence, et notre époque ne pouvait admettre, même à titre de précaution probablement inutile, une institution pareille, cette institution pouvant être appelée à suppléer les registres publics au cas de perte de ces registres. Aussi admit-on en principe que le rôle des particuliers se réduirait à celui de dépositaires du registre sur lequel serait constaté leur état et celui des membres de leur famille, sans que jamais ils puissent faire sur ces registres aucune mention. Le soin d'inscrire les mentions nécessaires resta à l'autorité, et voilà comment dans ce système ingénieux, on concilia les mesures propres à la bonne tenue des registres et celles qui étaient nécessaires à leur conservation.

L'adoption de cette organisation due à l'initiative de M. Tambour, alors sécrétaire général de la préfecture de la Seine, fut recommandée par M. Dufaure à toutes les municipalités de France. Les livrets de famille offrent en effet une certitude presqu'absolue de conservation des actes de l'état civil. Nous ne croyons pourtant pas que la généralisation de leur emploi soit bien utile. A la rigueur dans les villes où se trouvent les deux dépôts d'archives de l'état civil du greffe du tribunal et de la mairie leur usage pourrait être adopté, la destruction de ces deux dépôts pouvant avoir lieu simultanément; mais la chance de destruction du dépôt du chef-lieu d'arrondisssement et de celui de la mairie étant à peu près nulle pour les communes rurales, nous croyons que pour ces dernières communes, la peine que donnerait la création des livrets de famille ne serait pas compensée par la chance si faible qu'ils auraient de pouvoir être utiles.

Nous allons résumer rapidement l'historique très intéressant de l'institution des livrets de famille. Depuis de longues années déjà ils était en usage en Belgique et dans de nombreuses villes du Nord de la France, parmi lesquelles nous pouvons citer Dieppe et Saint-Quentin. Après la destruction des deux dépôts des actes de l'état civil, on songea à introduire à Paris l'usage de ces livrets qui constituaient de véritables archives de famillle. Seulement ne pouvant pas garantir leur conservation et leur représentation par une sanction légale, comme cela a lieu en Belgique (art. 16, constitution), on ne peut songer à s'en rapporter qu'à la complaisance et à l'intelligence de leurs intérêts, des citoyens. On avait d'ailleurs obtenu ainsi d'excellents résultats dans toutes les villes du Nord où les livrets avaient été introduits et spécialement à Saint-Quentin. Il faut dire que les premières pages des livrets, délivrés gratuitement d'ailleurs, par les munipalités de ces villes, énuméraient les avantages produits par eux et insistaient sur l'absence d'erreurs qui devait résulter de leur emploi et sur les frais et les ennuis des rectifications que cet emploi devait faire éviter. Aussi la municipalité de Saint-Quentin pouvait-elle écrire au rapporteur de l'une des sous-commissions de la commission instituée pour la reconstitution des actes de l'état civil de la Seine (M. Nast) : « Les résultats obtenus sont excellents et il y a en effet *très peu de jugements rectificatifs* des actes et le public, *qui comprend l'utilité de cette pièce, la conserve avec le plus grand soin.* »

La commission, qui avait en principe adopté le livret de famille, aurait voulu voir ce livret fondu avec le livret militaire. L'addition de quelques indications et de quelques formules à ce dernier eût pu remplacer l'organisation du livret de l'état civil. Des réunions de magistrats municipaux et d'officiers employés au ministère de la guerre eurent lieu ; l'idée fut acceptée, mais des difficultés d'exécution en retardèrent au moins la mise en pratique. Pour rendre cette innovation vraiment utile, il eut fallu donner un livret non-seulement à tous les jeunes gens appelés sous les drapeaux mais encore à tous les jeunes gens inscrits. Nous ne désespérons d'ailleurs pas de voir se réaliser un projet qui aurait deux avantages ; celui de sa facilité d'exécution, l'addition d'un feuillet relatif au mariage et celle d'un feuillet relatif aux enfants à naître suffisant à faire du livret militaire un livret civil en même temps que militaire, et celui de faire profiter les mentions relatives à l'état civil des sanctions pénales qui garantissent la conservation du livret militaire.

En attendant cette amélioration que nous considérons comme devant se produire, la commission proposa à titre purement provisoire la distribution d'un livret de famille. Ce livret porte sur sa couverture les indications indispensables à la célébration des mariages, à la déclaration des naissances et des décès, et à la délivrance des expéditions des actes de l'état civil. Il contient les indications nécessaires à la reconstitution de l'acte de célébration de mariage. Des formules imprimées, avec des blancs destinés à l'énonciation des mentions variables, sont préparées pour l'inscription des décès des époux, et des naissances et des décès des enfants. Les cases destinées aux enfants sont au nombre de douze. Quant à la disposition matérielle du livret, on la trouvera sous le n° 91, dans lequel nous reproduisons les parties essentielles d'un livret de famille.

Le livret n'est pas obligatoire, et on ne peut pas en

exiger la représentation. On n'en délivre pas d'ailleurs aux personnes déjà mariées. On a voulu cependant assurer, autant que possible, la conservation des actes de naissance des enfants des personnes refusant de représenter leur livret, ou ne pouvant le représenter. On donne à tout déclarant un bulletin de naissance contenant les indications esssentielles de sa déclaration et permettant la reconstitution, peut-être nécessaire un jour, de l'acte de naissance. On a constaté que, dans la classe ouvrière surtout, les chefs de famille conservaient scrupuleusement tous les papiers relatifs à l'état civil des membres de leur famille, et la représentation de documents gardés religieusement, quelqu'incomplets qu'ils fussent, a singulièrement aidé dans leurs travaux, les personnes chargées de la reconstitution des actes de l'état civil de Paris. Des bulletins de décès analogues aux bulletins de naissance ont été crées. Leur but est le même et nous ne nous y arrêterons pas (voir le n° 92).

Les mesures prises pour Paris ne devaient pas tarder à s'étendre à la banlieue. La commission avait à peine admis le principe de l'unification des formules à employer dans la rédaction des actes de l'état civil, la délivrance gratuite d'extraits des actes au moment où ils sont faits, délivrance qui évitera bien des démarches et bien des frais, et la création des livrets, que le préfet (lettre du 16 mars 1876) introduisait ces innovations dans les communes de la banlieue. La lettre du 10 janvier 1877 vint compléter les innovations et assurer le bon fonctionnement de l'organisation nouvelle.

On avait fait à la création des livrets de famille, des bulletins de naissance et de ceux de décès l'objection que le trésor éprouverait un préjudice grave, si on distribuait des extraits des actes de l'état civil sur papier libre. Cette objection fut facilement réfutée, et voici comment : des extraits sur papier libre sont bien délivrés, mais dans tous les cas où il est nécessaire de présenter un extrait d'un acte de naissance, de mariage ou de décès, cet extrait doit être délivré sur papier timbré et le revenu de l'état ne sera en rien diminué, les extraits sur papier libre n'ayant qu'une seule utilité : rendre plus facile la reconstitution des actes de l'état civil, au cas de destruction totale et simultanée des dépôts de ces actes.

Le gouvernement a si bien compris l'impossibilité du préjudice apporté au trésor par l'institution nouvelle qu'il a pris lui-même l'initiative de l'extension du livret de famille à la France entière. Le ministre de l'intérieur, dans sa lettre du 18 mars 1877, après avoir indiqué aux préfets l'adoption de ce livret par la municipalité de la Seine, en énumère les avantages et en conseille vivement l'adoption. Il rappelle que cette mesure généralisée équivaudra à la création d'un troisième dépôt des actes de l'état civil, dépôt d'autant mieux conservé qu'il sera confié à la garde des intéressés. Il ajoute que la représentation du livret, au moment de la rédaction de tous les actes qui s'y rattachent, écartera les chances d'erreur si difficiles à éviter ; c'est d'ailleurs le résultat de l'expérience faite à Saint-Quentin. Il donne enfin l'ordre aux officiers de l'état civil de faire gratuitement,

sur les livrets, toutes les mentions requises par les intéressés.

Déjà le Garde des Sceaux (circulaire du 18 novembre
1876) avait fait connaître aux procureurs généraux qu'il
approuvait complètement la mesure nouvelle, Quant à nous,
nous croyons qu'elle aurait l'avantage immense d'écarter
des erreurs trop fréquentes, et en cela nous l'admettrions
partout, mais nous persistons à croire que, dans les localités
où ne se trouvent pas les deux dépôts du Greffe et de la
Mairie, le travail occasionné par la tenue des livrets ne serait pas compensé par la chance extrêmement minime de
destruction simultanée de ces deux dépôts.

80. — L'art. 55, c. civ. ordonne la présentation de l'enfant à l'officier de l'état civil avant la rédaction de l'acte de
naissance. On a déduit de la généralité des termes l'art. 55
que, contrairement à ce qui avait lieu quand la loi de 1792
était en vigueur, il n'était pas nécessaire que cette présentation eut lieu à la mairie, et sous le n° 55 nous avons exposé les différents modes de constatation de la naissance au
lieu de l'accouchement qui ont été organisés par différentes
municipalités. Cette interprétation de l'art. 55, qui a pour
elle de ne compromettre en rien la santé de l'enfant qui
vient de naître, a été admise par l'administration supérieure
et aux termes d'une circulaire ministérielle (ministère de
l'intérieur, 9 avril 1870), la présentation à l'officier de
l'état civil de l'enfant, dont la naissance est déclarée, ne
doit pas nécessairement avoir lieu dans le local de la mairie,
et peut régulièrement être faite au domicile de l'accouchée.

Cette déduction de la loi admise, et la constatation des naissances étant en ce point assimilée à celle des décès, la même circulaire en vue de faciliter dans l'intérêt des nouveau-nés la présentation sans déplacement, a permis aux maires de prendre des arrêtés pour faire opérer sans frais la constatation des naissances à domicile par un médecin délégué, sans toucher néanmoins au droit des familles de recourir, si elles le préfèrent, à la présentation de l'enfant à la mairie. Mais afin d'éviter que ce droit ne donne lieu à des abus, et les maires étant soumis comme officiers de l'état civil à la surveillance du procureur de la République, la circulaire précitée prescrit la communication de ces arrêtés avant leur exécution, au représentant du ministère public.

Avant que le ministre n'eût reconnu aux maires ce droit de réglementation, les maires eux-mêmes, ayant pour eux les termes et l'esprit du Code, les précédents en matière de constatation des décès et l'avis de médecins de talent (M. Loir), ou de jurisconsultes éminents (M. Valette), se l'étaient attribué et, se fondant sur l'intérêt de l'enfant, qu'il est dangereux de soumettre aux intempéries dans les premiers jours qui suivent sa naissance, ils avaient dans bien des villes confié à des médecins la mission de constater la naissance au lieu de l'accouchement. L'aptitude des gens de l'art à l'accomplissement de cette fonction avait amené un développement rapide de cette organisation, de Versailles, qui est l'une des premières villes où elle ait été adoptée, elle se propagea dans nombre de localités importantes, et deux arrêtés du préfet de la Seine avaient autorisé et réglementé la constatation des naissances à domicile dès le 29 décembre 1868.

Les réglements municipaux qui organisent cette constatation imposent généralement aux parents qui veulent faire constater à domicile la naissance d'un enfant l'obligation d'en faire la demande écrite à la mairie. Un avis du préfet de la Seine du 19 janvier 1869 déclare que les parents doivent venir ou envoyer à la mairie, pour déposer une demande signée par eux, ou, s'ils n'ont pas cette demande toute prête, pour en faire rédiger une par l'employé de service. L'envoi par la poste d'une lettre au maire, n'est pas suffisant : nous désapprouvons cette décision qui dans bien des cas pourra gêner de pauvres gens, qui n'ont personne à envoyer à la mairie, peut-être éloignée, surtout dans les quartiers excentriques, et qui ne peuvent guère abandonner, même un instant, l'accouchée et le nouveau-né.

Les différents arrêtés municipaux qui se rapportent à la constatation des naissances à domicile fixent un délai après l'expiration duquel les parents ne sont plus admis à produire leur demande de constatation à domicile de la naissance de leur enfant. Dans ce cas la présentation de l'enfant à la mairie est nécessaire à l'occasion de la déclaration de la naissance.

81. — Il avait toujours été désirable qu'on connût en France les actes de l'état civil concernant des Français et dressés à l'étranger. Il est en effet difficile aux personnes intéressées de se procurer les actes relatifs à un Français et qui ne se trouvent pas en France, et cette difficulté peu

amener des retards préjudiciables dans les affaires dans lesquelles il s'agit de l'ouverture ou de l'extinction d'un droit, et d'une façon générale dans lesquelles on a besoin de connaître l'âge d'une personne ou de prouver son individualité. L'intérêt qu'a un gouvernement à posséder les actes relatifs à ses nationaux a pris une importance toute particulière depuis que le service militaire obligatoire a été introduit dans beaucoup de législations, et, comme nous l'avons dit sous le n° 77, il est impossible de faire des listes d'appelés complètes, si on n'a pas, par exemple les actes de naissance des jeunes français nés à l'étranger. Un autre inconvénient pourra être évité si on se procure les actes de décès des Français morts à l'étranger ; on n'inscrira pas sur les listes des jeunes gens appelés sous les drapeaux, des noms de personnes déjà mortes, et contre lesquelles on pourrait, privé des documents dont nous parlons, diriger des poursuites inutiles.

Depuis l'introduction dans nos lois du service militaire des abus fréquents ont d'ailleurs prouvé l'intérêt qu'aurait le gouvernement à se procurer les actes de naissance reçus à l'étranger. Voulant soustraire leurs enfants au service militaire, des femmes sont allées faire leurs couches dans des pays voisins, où elles ont fait constater la naissance de leurs enfants d'après les formés du pays. Pour éviter ces inconvénients il n'est qu'un seul moyen : l'échange des actes de l'état civil entre les nations.

Mais ce moyen ne peut être mis en pratique si on n'a pas recours à une convention internationale. Notre Code a bien un article, l'article 171, qui prescrit la transcription sur les registres de l'état civil des actes des mariages concernant les Français et célébré à l'étranger, mais cette disposition spéciale et incomplète est restée inefficace, parce qu'elle n'a pas de sanction. Quelle sanction d'ailleurs pourrait triompher du mauvais vouloir d'un Français qui, habitant à l'étranger et y ayant toutes ses propriétés, braverait l'ordre que lui enjoindraient les lois de son pays d'avoir à faire parvenir en France tous les actes de l'état civil le concernant, ou concernant un membre de sa famille ?

La transmission diplomatique des actes dressés en pays étranger et leur transcription en France pouvaient seules remédier à ces inconvénients. La France a pris l'initiative et, sans exiger aucune réciprocité, elle a fait parvenir aux autorités du pays d'origine et par la voie diplomatique les actes de l'état civil concernant les étrangers (instructions ministérielles des 26 janvier 1836, 20 mars 1855 et 11 mai 1864).

Mais ce système, basé simplement sur la complaisance des gouvernements, ne pouvait pas produire de résultats bien sérieux. Aussi chercha-t-on à conclure des conventions ayant pour but l'échange des actes de l'état civil et, en 1875 et 1876, des traités dans ce sens furent conclus avec l'Italie, le Grand-duché de Luxembourg et la Belgique.

Une convention avait été signée le 1er décembre 1875 avec la Suisse, mais le 21 du même mois le conseil national refusa de la ratifier en se basant sur ce qu'il ne pouvait admettre la communication des actes de naissance de français nés en Suisse, tant que le gouvernement français persisterait à revendiquer comme nationaux, et à soumettre au service militaire, les enfants mâles nés en Suisse de parents français, avant la naturalisation de leur père dans ce pays. *Le 27 juillet 1879 une convention a été enfin conclue. Les enfants du naturalisé y sont considérés comme Français à moins que, dans l'année qui suit la majorité ils n'optent pour la nationalité Suisse. Cette allégation prouve toute l'importance spéciale qu'a acquise depuis quelques années la possession par notre gouvernement de tous les actes de naissance de ses nationaux et fera comprendre le motif pour lequel nous avons traité ce sujet dans cette étude des actes de naissance.*

Nous ne voulons pas entrer dans les détails du mécanisme de l'échange des actes de l'état civil entre les nations. Nous ne voulons qu'indiquer une difficulté intéressante et non encore résolue à laquelle cet échange a donné lieu : les officiers de l'état civil français sont-ils obligés de transcrire les actes relatifs à nos nationaux et dressés à l'étranger, qu'on leur communique ? Dans un système basé sur l'intérêt qu'il y a à ce que cette transcription soit faite et sur ce que les maires sont essentiellement des agents de l'autorité et relèvent directement du gouvernement, on soutient que de simples circulaires ministérielles suffisent pour rendre obligatoire la transcription des actes. Dans un autre système, auquel nous croyons devoir nous rallier, on ne considère pas la transcription comme obligatoire. On invoque dans ce sens un argument *a contrario* tiré de l'article 171, C. civ. qui, exigeant la transcription des actes de mariage de français reçus à l'étranger semble indiquer que la transcription des actes de naissance et de décès n'est pas obligatoire.

§ 3. — *Projet de centralisation des actes de l'état civil.*

82. — Nous avons signalé dans le paragraphe premier de cet appendice, des points sur lesquels la rédaction des actes de l'état civil nous paraissait insuffisante. Nous allons chercher maintenant par quels moyens on pourrait remédier à ces défectuosités, et quelles modifications il serait nécessaire d'apporter au Code pour créer entre les différents actes de l'état civil, un lien que nous considérons comme indispensable.

Que d'obstacles empêchent de trouver le nœud qui rattache un homme à sa famille ou de suivre les modifications de l'état d'une personne depuis sa naissance jusqu'à sa mort ! Ces obstacles sont tels qu'on est obligé dans la pratique de recourir continuellement aux actes de notoriété, à défaut d'actes de l'état civil souvent impossibles à retrouver ; et nous allons citer ici quelques cas qui, ajoutés à ceux dont nous avons parlé dans notre premier paragraphe, feront ressortir l'insuffisance de l'organisation de notre état civil, si parfaite en quelques points, mais en quelques points seulement.

Une personne meurt et laisse deux enfants vivants et trois petits enfants issus d'un enfant prédécédé. Dans la

succession du *de cujus* se trouvent des rentes sur l'État,
qui ne peuvent être vendues que sur le vu d'un certificat
de propriété, que dressera un juge de paix ou un notaire ;
mais pour obtenir ce certificat, il faut prouver que le défunt
n'a laissé que deux enfants vivants et que son enfant prédécédé n'a laissé lui-même que trois enfants. Le seul
moyen de faire cette preuve est de faire dresser un acte de
notoriété, les registres de l'état civil ne pouvant pas la
fournir.

Une personne veuve meurt ; on sait qu'elle a eu des
enfants, mais on croit qu'ils sont prédécédés ; les frères et
sœurs du défunt se présentent pour recueillir sa succession ;
mais pour la recueillir, il faut qu'ils prouvent que le *de
cujus* n'a laissé ni ascendants, ni descendants. Les actes
de l'état civil ne peuvent pas fournir la preuve dont ils ont
besoin, et ils doivent recourir à l'acte de notoriété, qui constate que deux témoins sont venus attester devant un notaire
qu'il est de notoriété, dans la commune, que le défunt n'a
laissé ni ascendants, ni descendants.

Le seul moyen de ne pas employer l'acte de notoriété
serait de rechercher dans les archives de l'état civil de toute
la France l'acte de décès dont on a besoin ; mais la loi,
considérant cette recherche comme trop difficile, a suppléé
par un autre moyen à ce mode de preuve impraticable. Et
d'ailleurs ce mode de preuve ne conduirait pas toujours à
un résultat. Il en serait ainsi, si le décès avait eu lieu à
l'étranger.

Ce problème qui n'a pas été résolu par les rédacteurs

du Code est cependant bien facile à résoudre. Il suffirait de réunir, de centraliser en un lieu quelconque tous les actes relatifs à l'état d'une même personne, pour éviter le recours fréquent à un mode de preuve qui ne prouve rien, et pour porter à un degré très grand de perfection l'ensemble de notre organisation des actes de l'état civil. On enverrait au lieu dans lequel serait organisée cette centralisation tous les renseignements nécessaires à la constitution d'un dossier, où se trouveraient les actes concernant une même personne, et auquel on pourrait recourir sans craindre de ne pas aboutir à un résultat. Nous allons d'abord examiner quel lieu serait le plus propre à la centralisation dont nous parlons. Le Code attache une importance extrême au domicile en matière d'état civil. L'article 61 Code civil ordonne l'inscription de l'acte de naissance de l'enfant né en mer sur les registres de l'état civil du domicile du père de l'enfant, ou de sa mère, si le père est inconnu ; l'article 70 Code civil ordonne au cas de mariage, si l'un des futurs époux ne peut représenter son acte de naissance et ignore où il est né, de suppléer à l'acte de naissance absent par un acte de notoriété délivré par le juge de paix du domicile ; Les articles 81 et 82 Code civil ordonnent la transcription de l'acte de décès, au cas de mort violente, sur les registres de l'état civil du dernier domicile du défunt ; les articles 96, 97 et 98 Code civil, contiennent des prescriptions analogues au cas de décès dans les armées, dans les hôpitaux militaires ambulances, etc. Il en est de même des articles 86 et 87

Code civil au cas de décès pendant un voyage sur mer. D'autres articles du Code ordonnent la transcription sur les registres de l'état civil du dernier domicile des époux, de l'acte constatant le mariage célébré à l'étranger ou à la suite des armées. On voit par le rôle qu'il y joue l'importance du domicile en matière d'acte de l'état civil ; c'est même au domicile qu'a été ordonnée dans quelques cas spéciaux, une centralisation, que nous voudrions voir plus complète et organisée au lieu de la naissance de l'individu. Ces indices d'une réunion des actes constatant l'état d'un même individu, que nous trouvons dans le Code, nous montrent l'importance que le législateur attachait à cette réunion si propre à faciliter les recherches. Mais ce but qu'il poursuivait dans des cas exceptionnels, il ne pouvait guère l'atteindre en ordonnant la transcription des actes de l'état civil au domicile du père ou de la mère des individus, dont l'état est en question, ou au domicile de ces individus eux-mêmes, le domicile étant très variable et la direction des recherches ne pouvant dès lors pas être indiquée d'une manière précise.

A côté du lieu variable où se trouve le domicile nous voyons, au contraire, dans l'état de tout individu un lieu fixe, que nul ne peut changer et qui subsiste en dépit de toutes les variations d'état. Ce lieu est celui de la naissance. Aussi est-ce à ce lieu que se sont reportés tous les auteurs qui ont cherché à combler les lacunes que nous reprochons aux rédacteurs du Code d'avoir négligées, et c'est ce lieu que le législateur lui-même a choisi, quand il a voulu réunir en un point les renseignements judiciaires concernant les condamnés.

On aurait pu songer encore, pour la centralisation des actes de l'état civil, à des lieux autres que celui que nous indiquons, par exemple, au lieu du mariage des père et mère de l'individu de l'état duquel il s'agit. Nous ne pouvons admettre, au point de vue qui nous occupe, la comparaison entre le domicile d'origine et le domicile matrimonial ; celui-ci est transitoire et facile à oublier. Que de personnes obligées par leur situation même à des déplacements continuels, se marient en un lieu où elles n'ont fait que passer et dont le souvenir est vite oublié. L'endroit où on est né laisse, au contraire, un souvenir durable. Comme centre de renseignements, il a l'avantage immense d'être propre à chaque individu et de permettre de rassembler tous les actes de naissance, mariage et décès en un dossier bien individuel, qui n'est pas un accessoire de l'acte de mariage du père et de la mère, acte auquel se rattacheraient souvent des actes en nombre considérable, ce qui aménerait inévitablement une confusion facile à éviter dans notre opinion. Enfin une dernière et importante raison milite en faveur de notre système. Où aurait lieu la centralisation des actes constatant l'état d'un enfant naturel ? Au lieu de naissance de celui de sés parents qui l'aurait reconnu ? Et si les deux l'avaient reconnu ? Au lieu de naissance de l'enfant lui-même ? La diversité des solutions à laquelle on serait contraint d'aboutir est un argument excellent en notre faveur. Le lieu de la naissance a l'avantage d'être invariable ; d'être éminemment propre à la création d'un dossier contenant tous les actes concernant l'individu et ne contenant que ces actes ; de pouvoir être choisi, qu'il s'agisse d'enfant légitime ou d'enfant naturel. Aucun autre lieu ne présente des avantages équivalents et nous n'hésitons pas à choisir le lieu de la naissance comme point de centralisation des actes de l'état civil.

Dans un cas, cependant, le lieu de naissance ne peut pas être choisi ; c'est lorsqu'il s'agit d'un étranger naturalisé en France, ou d'un Français né à l'étranger. Dans ce cas on pourrait cependant très bien tourner cette difficulté. Le moyen indiqué par M. Bonneville dans son *Mémoire sur la localisation des renseignements judiciaires* produirait ce résultat : « Les Français nés en pays étrangers, et les étrangers naturalisés en France seraient tenus de faire en France élection d'une commune d'origine, sur les registres de laquelle serait transcrit leur acte de naissance ou de naturalisation ». Tous les Français auraient ainsi une commune d'origine réelle ou élective et l'inconvénient dont nous parlions plus haut serait évité.

83. — Nous allons étudier et critiquer les différents essais de réunion des actes de l'état civil que nous offre le code civil.

Les rédacteurs du Code vivant à une époque où, les communications étant très difficiles, les déplacements étaient très rares, n'ont pas prévu le cas où un homme né à un endroit se marierait dans un second et mourrait dans un troisième. Dans leur pensée la règle générale était que l'on

vit et que l'on meurt où on est né. Et cela est si vrai qu'ils
ont prévu les exceptions à cette règle, et que dans des cas
déterminés il ont essayé d'obvier aux inconvénients que produirait la dispersion des actes constatant l'état d'une même
personne ; par les dispositions qu'ils édictaient pour ces
cas ils indiquaient qu'ils considéraient comme bien rares,
dans la vie ordinaire, les hypothèses qu'ils réglementaient.
Par exemple, quand un soldat mourait à l'armée, son acte
de décès était envoyé à l'officier de l'état civil de son dernier domicile ; quand une personne mourait pendant un
voyage sur mer l'acte constatant la mort était non seulement envoyé au ministère de la marine, mais encore au
dernier domicile de la personne décédée, ce qui indique
bien une tentative de centralisation. La conservation de
l'acte était en effet suffisamment assurée par la conservation
des registres aux archives de la guerre dans le premier cas,
par le dépôt de l'acte au ministère de la marine dans le
second cas. C'est donc pour en faciliter la recherche et
pour en accroître l'utilité que le dépôt au dernier domicile
en était ordonné. Nous avons dit dans le n° précédent ce
que nous pensons du choix de ce lieu, mais la critique que
nous avons faite de ce choix ne doit pas s'étendre au législateur. Celui-ci, en effet, ne devait guère prévoir le cas si
rare alors dans lequel le domicile n'était pas au lieu de la
naissance, et les inconvénients qu'il y aurait plus tard à ne
pas avoir au lieu de la naissance l'acte de mariage ou de
décès.

Malheureusement, il s'est produit depuis l'apparition du

Code une révolution économique, sans que nos lois aient été modifiées de manière à se trouver conformes au nouvel état de choses. La facilité des transports et la modicité de leurs prix ont amené la dispersion des familles et la fréquence du changement de résidence et de domicile des individus. Les paysans ont abandonné leurs campagnes, les ouvriers vont de ville en ville et les fonctionnaires de tout rang, au lieu, comme autrefois, de ne jamais exercer leurs fonctions que dans leur pays natal, vont par devoir ou par ambition, dans les parties de la France les plus éloignées de leur lieu de naissance. Il résulte de cet état de choses que bien des personnes ont les actes constatant leur état disséminés un peu partout, ce qui rend leur recherche extrêmement difficile.

Les dispositions du Code pèchent encore par leur insuffisance en un autre point. Nous allons revenir sur ce sujet déjà indiqué dans notre paragraphe premier. Aucun lien ne relie les actes qui se rapportent aux membres de la même famille et deux désavantages en résultent : étant donné deux actes constatant l'état de deux personnes parentes à un degré quelconque, il est souvent impossible, non seulement de déterminer le lien de parenté qui les unit, mais encore de voir s'il existe entre elles un lien quelconque ; de plus étant donné une personne sur l'état de laquelle on a tous les documents dont le Code civil prescrit la création, il est impossible de retrouver l'indication des parents de cette personne et de reconstituer sa généalogie. Prenons une espèce rentrant dans cette dernière hypothèse : Deux personnes mariées à Dieppe ont un enfant à Lyon ; comment cet enfant pourra-t-il retrouver, s'il n'en a pas gardé le souvenir, le lieu de naissance de ses parents et la ville dans laquelle ils se sont mariés ? Son acte de naissance ne lui fournira ni ces renseignements, ni le moyen de se les procurer. Et longtemps après la mort de cet enfant comment savoir où sont ces actes ? faudra-t-il faire des recherches dans tous les dépôts d'actes de l'état civil de France ? et si les parents dont nous parlons se sont mariés à l'étranger pourra-t-on éviter l'obstacle insurmontable en présence duquel on se trouve ? Évidemment non .et nous prouvons déjà par là qu'il y a une réforme à apporter à nos lois.

D'autres cas pourront se présenter. Une enquête a lieu. L'un des témoins est parent d'une partie au degré prohibé. On a son acte de naissance. On a celui de la partie en question. Rien ne vient révéler cette parenté, ou en faciliter la preuve, si elle est connue de l'autre partie, qui peut-être n'arrivera pas à pouvoir établir une généalogie, qui tendrait au reproche d'un témoin dangereux.

Enfin ne serait-il pas avantageux de pouvoir, avec l'acte de naissance d'un individu et en remontant de génération en génération, retrouver jusqu'à un degré quelconque, tous les parents de cet individu et d'avoir sur ces parents tous les renseignements que les actes de l'état civil sont aptes à fournir ? Nous avons déjà fait sentir de quelle utilité serait un contrôle ainsi organisé. Mais comment arriver à ce résultat ? Nous ne nous trouvons plus en effet en présence d'un lien a créer entre les actes constatant l'état d'une même personne, mais entre ceux constatant l'état des différents membres d'une même famille. Nous renvoyons au n° 86 la solution de cette importante question.

84. — Plusieurs auteurs frappés des inconvénients que présente la législation actuelle se sont proposés d'étudier les moyens les plus efficaces de remédier à un état de choses nuisible aux intérêts de tous ; nous allons étudier quelques uns des projets présentés. Ils se rapportent tous directement au sujet de cette étude, car c'est l'acte de naissance qui est le pivot de toutes les organisations projetées, et ce n'est dès lors pas nous écarter du but que nous poursuivons que de les examiner. Nous indiquerons ensuite le sens dans lequel nous croyons que les réformes devraient être faites et nous donnerons le texte que nous voudrions voir remplacer le texte actuellement en vigueur des articles du Code dont nous critiquons l'insuffisance.

M. Lionel d'Albiousse (Revue Pratique de droit français n° du 15 mai 1860) a proposé d'étendre à l'état civil le système du casier déjà adopté pour la centralisation des renseignements judiciaires.

Il croit que ce casier doit être établi au lieu de naissance de tout individu, ce lieu qui n'a rien de vague, rien d'incertain, rien de mobile, qui saisit l'homme et qui le suit jusqu'à sa mort (Circulaire de M. Rouher, 6 décembre 1850). Le choix de ce lieu étant fait, il faut le faire connaître pour que tous les renseignements y puissent être réunis, et assurer cette centralisation.

Pour assurer cette centralisation il est un moyen bien

simple. Il faut d'abord indiquer dans tous les actes de l'état civil le lieu de naissance des personnes que ces actes concernent. C'est ainsi que dans l'acte de naissance on devra énoncer les lieux de naissance des père et mère ; dans l'acte de mariage les lieux de naissance des père et mère des futurs conjoints (les actes de naissance de ces derniers fourniraient ces renseignements). Dans l'acte de décès on énoncerait le lieu de naissance du défunt. M. d'Albiousse dit bien que cet acte devrait mentionner aussi, au moins autant que possible, les lieux de naissance des père et mère du défunt. Nous ne saisissons pas la nécessité de cette mention, qui se trouve dans l'acte de naissance, auquel l'acte de décès doit être réuni. La même critique pourrait être adressée à la rédaction proposée par M. d'Albiousse pour les actes de mariage. La mention que nons désapprouvons surchagerait les écritures et ne serait guère utile qu'en ce que dans quelques cas elle permetterait d'accélérer un peu les recherches, par exemple en permettant de passer de l'acte de mariage d'une personne à l'acte de naissance de ses parents, sans recourir à l'acte de naissance de la personne considerée et du mariage de laquelle on à l'acte constatant la célébration.

La seconde partie du moyen proposé par M. d'Abiousse est moins simple. En voici les traits saillants ; il serait établi dans tous les greffes des tribunaux de première instance et dans toutes les communes de France un casier destiné à recevoir les renseigements de l'état civil de toutes les personnes ayant quitté le lieu de leur naissance.

Ce casier, analogue au casier judiciaire serait divisé par compartiments suivant l'ordre alphabétique et placé dans le lieu où sont conservés les archives de l'état civil. On y insèrerait des bulletins constatant les mariages et les décès. Ces bulletins destinés à former des registres seraient du même format et rédigés d'une manière uniforme. Voici les modéles proposés par M. d'Albiousse :

MAIRIE D. . . . .   DÉPARTEMENT D. . . . . .

MARIAGE

Le mariage de. . . . .

né à. . . . . .

âgé de . . . .   demeurant à. . . . . .

fils de . . . .

né à . . . . .

âgé de . . . .   demeurant à. . . . .

et de . . . .

née à . . . .

âgée de . . . .

AVEC

. . . . . .

née à . . . .

âgée de . . . .   demeurant à. . . . .

fille de . . . .

né à . . . .   demeurant à. . . . .

et de . . . .

née à . . . .

âgée de . . . .

a été célébré le . . . . .

MAIRIE D. . . . .   DÉPARTEMENT D. . . . .

DÉCÈS

L'acte de décès de . . . .

    né à . . . .

âgé de . . . .   domicilié à. . . . .

{ célibataire . . . .

{ marié à . . . .

{ veu . . . de . . . .

fil. . . de . . . .

né à . . . .

âgé de . . . .   demeurant à. . . . .

et de . . . .

née à . . . .

âgée de . . . .

a été enregistré le . . . .

L'auteur du projet que nous examinons eût pu, voulant que ces bulletins contiennent des renseignements auss complets y indiquer la mention à faire du domicile de la mère de l'époux, de l'épouse ou du défunt pour le cas où ce domicile ne se confond pas avec celui du père.

. Ces bulletins faitss en double devraient être envoyés au parquet duquel dépend le lieu de la naissance. Un exemplaire serait remis au greffier du tribunal civil, l'autre serait envoyé à l'officier de l'état civil du lieu de la naissance et placé par lui dans le casier de l'état civil.

Quand le bulletin concernerait une personne étrangère à la France on pourrait l'envoyer au ministère des affaires étrangères qui en conserverait un exemplaire, et qui enverrait l'autre au représentant de la nation à laquelle l'individu appartiendrait. Ce serait-là un moyen simple et pratique de réaliser l'échange entre nations des actes de l'état civil par voie diplomatique, dont nous avons montré les avantages.

Nous regrettons de trouver dans ce projet si ingénieux une lacune qu'il eût été si facile d'éviter. Où seront envoyés les bulletins concernant les Français nés à l'étranger? Qu'on envoie un exemplaire au ministère des affaires étrangères, nous n'y voyons pas d'inconvénient; mais où sera déposé le second evemplaire? Ce serait là le cas d'appliquer la théorie de M. Bonneville qui, voulant réunir au lieu de naissance les renseignements judiciaires rélatifs à tout individu, demandait à ce que le Français né à l'étranger et l'étranger naturalisé français choisissent une commune qui serait pour eux une commune d'origine adoptive. (Voir n° 82 *in fine*).

Les bulletins envoyés aux officiers de l'état civil de communes importantes et ceux qu'auraient reçus les gréffiers seraient à cause, de leur nombre dépouillés chaque année et réunis en registres dans l'ordre alpabétique. Les bulletins adressés aux officiers de l'état civil de communes peu importantes seraient dépouillés chaque dix ans. On pourrait faire coïncider ce dépouillement avec la confection des tables décennales et on joindrait ces bulletins aux archives de l'état civil.

M. d'Albiousse après avoir proposé l'organisation pour l'avenir du casier de l'état civil parle de l'organiser pour les années déjà écoulées. Ce travail retrospectif serait fait pour des périodes de dix années et successivement. Des bulletins constatant les mariages et les décès des personnes étrangères à la commune seraient envoyés aux lieux de naissance de ces personnes. On arriverait ainsi à constituer le casier de l'état civil pour toutes les années qui ont suivi 1792, de même qu'on a créé le casier judiciaire pour un grand nombre d'années antérieures à celle dans laquelle son organisation a été adoptée.

Malgré les critiques de détail que nous avons faites à ce système, on est obligé de reconnaître combien il est ingénieux et de s'incliner devant le talent avec lequel il a été exposé. Nous ne croyons cependant pas qu'on doive l'admettre dans la pratique et voici pourquoi : en dépit de son apparente simplicité, ce système qui ne demanderait pour être organisé que quelques modifications sans importance au texte du code (addition du lieu de naissance aux énonciations des art. 57, 63, 76, § 3 et 79 *in fine* et à la suite de la mention du domicile) et une circulaire ministérielle, offrirait dans la pratique des difficultés très grandes. Il faudrait en effet habituer à une organisation nouvelle des officiers publics souvent peu instruits ; il faudrait leur confier des bulletins dont tous les dix ans, ils auraient à faire un registre, eux à qui on ne donne souvent qu'un registre pour les naissances, les mariages et les décès de crainte qu'ils ne se trompent et n'inscrivent sur l'un les actes qui devraient être inscrits sur un autre. Ces craintes si justifiées du législateur font bien voir le danger qu'il y aurait à confier à des personnes incapables un échange de bulletins et une organisation nouvelle qui constituent en somme des formalités assez compliquées.

Enfin nous faisons un reproche et un reproche plus grave au système que nous exposons. S'il permet de remonter d'un acte quelconque à l'acte de naissance et de l'ensemble des actes constatant l'état des individus à l'ensemble des actes constatant l'état de leurs parents, il ne fournit pas les renseignements nécessaires pour retrouver avec un acte concernant une personne, les différents enfants que cette personne peut avoir. Le système de M. d'Albiousse ne permet donc de reconstituer que la moitié de la généalogie d'une famille ; s'il était adopté on pourrait bien prouver la parenté existant entre deux personnes de l'état de chacune desquelles on aurait un acte contenant la constatation, car on pourrait toujours remonter à l'auteur commun ; mais il serait impossible, étant donné une personne, de retrouver tous ses parents, ce qu'il est si important de connaître pour qu'il n'y ait plus, par exemple, de succession réputée en deshérence.

Ces inconvénients peuvent, croyons-nous être facilement écartés. Au lieu de l'organisation du casier, l'énonciation en marge de l'acte de naissance de l'état civil de chaque individu, à peine indiquée dans une note par M. d'Albiousse, constituerait selon nous un mode excellent et très simple de centralisation des actes de l'état civil. Nous y reviendrons d'ailleurs plus loin. Quant à la lacune que nous venons de signaler en dernier lieu, nous indiquerons les moyens que nous estimons les plus propres à la combler.

85. — Dans un mémoire sur la centralisation des actes de l'état civil au domicile d'origine, lu à l'académie des sciences morales et politiques le 23 août 1856, M. le docteur J. N. Loir avait proposé d'apporder au Code civil une amélioration dont le but devait être la suppression des imperfections que nous avons signalées. M. Loir ne demandait pas comme devait le faire quelques années plus tard M. d'Albiousse l'organisation d'un mécanisme nouveau. Les registres existants devaient seuls continuer à exister ; la seule innovation consistait dans l'envoi des actes de mariage et de décès au lieu de la naissance et dans la transcription de ces actes en marge de l'acte de naissance. C'est à peu de chose près le système que nous croirons devoir adopter.

Pour assurer à ce mécanisme une efficacité complète il devait être créé un dépôt général pour toute la France, dépôt dans lequel on eût réuni tous les actes ne contenant pas de désignation de lieu de naissance. Ce dépôt ne serait pas encombré ne contenant qu'une proportion minime des actes reçus en France ; de plus il pourrait en être renvoyé au lieu de la naissance, à mesure qu'il se découvrirait, des actes qui finiraient par être relativement nombreux. Ce dépôt serait facile à organiser et nous en avons en France plusieurs analogues qui fonctionnent très bien ; une circulaire ministérielle a créé au ministère de la justice un dépôt central pour les renseignements judiciaires dans les cas exceptionnels d'arrondissement natal resté inconnu ; des dépôts analogues existent encore aux ministères de la guerre, de la marine et des affaires étrangères et produisent d'excellents résultats.

M. Loir demandait qu'on laissât sur le registre des naissances, en regard de l'acte de naissance, un espace en blanc, réservé pour consigner en leur temps les actes correspondants de mariage et de décès, et voici le texte de l'article dont il demandait l'insertion dans le Code, au cas où une mesure administrative ne pût pas suffire : « Aussitôt qu'un acte de mariage ou de décès aura été reçu dans un siège quelconque d'état civil, le préposé à cet état (le maire), sera tenu sous peine d'une amende de   francs par omission, d'adresser, suivant la forme et les dimensions prescrites, une expédition dudit acte à la municipalité du lieu de la naissance de l'époux et de l'épouse, s'il s'agit d'un mariage, et du défunt, s'il s'agit d'un décès.

Ces extraits ou expéditions seront mentionnés en marge de l'acte de naissance, classés par ordre alphabétique et l'objet de tables annuelles et décennales.

Pour les cas exceptionnels d'arrondissement natal resté inconnu, l'expédition de l'acte sera faite par le même, dans les mêmes termes et dans le même délai, au dépôt ou greffe général établi à Paris à cet effet. Ces extraits ou expéditions seront classés par ordre alphabétique, et l'objet de tables annuelles et décennales. Le tout pour servir aux documents demandés. »

Le principe de ce système nous paraît excellent et nous croyons que la mise en pratique en serait facile. Nous croyons cependant qu'il pèche en deux points : 1° Il sera bien difficile, si au lieu de se contenter d'une simple mention on veut la transcription complète des actes de mariage et de décès sur les registres des naissances, de faire cette transcription et cette difficulté, purement matérielle du reste, subsistera, même si on a la précaution de laisser une marge très large. Ceci est d'autant plus grave que toujours il doit être laissé une partie au moins de la marge pour les rectifications et les mentions qu'il faudra peut-être porter sur le registre. A adopter le système de la transcription totale des actes de mariage et de décès sur les registres des naissances, nous préférerions le système de M. Rameau que nous étudierons sous le numéro 86. M. Loir, malgré la précaution, évidemment insuffisante, qu'il recommande de prendre, de laisser un espace en blanc en regard de l'acte de naissance, ne s'est pas assez préoccupé de la mise en pratique, au point de vue matériel, du système qu'il proposait. Nous dirons d'ailleurs plus loin les raisons qui nous font estimer inutile la transcription complète des actes réunis à l'acte de naissance et qui nous font repousser en ce point le système examiné, dont nous admettons le principe. 2° Nous pouvons d'ailleurs faire à M. Loir un reproche analogue à celui que nous avons fait à M. d'Albiousse, mais plus grave encore. Celui-ci, en effet, assurait par l'indication dans les actes constatant l'état de l'enfant, du lieu de de naissance des parents, le moyen de remonter de cet enfant à un ascendant quelconque, mais ne fournissait pas les renseignements nécessaires pour retrouver les traces des enfants, quand on avait les documents nécessaires à l'établissement de l'état d'un ascendant. Le système de M. Loir n'offre même pas l'avantage que présente celui de M. d'Albiousse et sur ce point nous le considérons comme complètement insuffisant.

Une objection avait été faite à l'organisation demandée par M. Loir, mais celui-ci l'a réfutée. On avait prétendu que les municipalités perdraient à ce que l'arrondissement natal put délivrer la contre expédition des actes ; mais il est évident qu'elles regagneraient d'un côté ce qu'elles perdraient de l'autre et que le système que nous étudions ne leur causerait, somme toute, aucun préjudice.

86. — Nous avons fait au système précédemment étudié une critique dont la pensée a probablement inspiré celui que nous allons examiner. M. Loir ne s'était pas préoccupé de la tenue matérielle des registres au cas d'adoption de l'organisation qu'il proposait ; M. Rameau reprenant son système résolvait la difficulté prévue par M. Loir, mais que ce dernier avait à peine indiquée dans une note, sans lui accorder l'attention qu'elle aurait dû attirer.

Ce n'est plus dans une marge, utilisée et remplie peut-être par des mentions et des rectifications, que doivent être transcrits les actes de mariage et de décès. Le registre est divisé en cinq colonnes. La première est réservée à l'acte de naissance ; la seconde aux mentions relatives à la célébration du mariage ; la troisième aux mentions relatives aux actes de naissance des enfants légitimes ou naturels ; la quatrième à la mention de l'acte de décès de la personne dont la première colonne contient l'acte de naissance : enfin dans la cinquième sont inscrites les mentions de rectification prescrites par l'article 101 Code civil.

Dans cette cinquième colonne devraient être inscrits, d'après M. Rameau, les jugements et arrêts d'adoption, les actes de légitimation, les changements de nom et autres rectifications qui doivent être mentionnées en marge de l'acte de naissance d'après l'article 101 du Code civil. Nous croyons que cette rédaction est critiquable. Elle est dans tous les cas incomplète. La reconnaissance, qui devra évidemment être mentionnée, ne rentre pas dans la catégorie des mentions visées par l'article 101, Code civil ; elle est régie par l'article 62, même Code, et M. Rameau n'eût pas dû la passer sous silence.

Quand une mention doit être faite en marge d'un registre de l'état civil, c'est l'officier de l'état civil qui est détenteur des registres qui y procède ; si l'un des exemplaires a déjà été transmis au greffier, l'officier de l'état civil informe le procureur de la République de la mention à faire, et celui-ci en donne avis au greffier (art. 49). M. Rameau propose d'étendre ce mode de communication aux correspondances que rendrait nécessaires l'adoption de son système. Il suffirait dès lors d'apporter au Code les modifications rendues indispensables par la uouvelle tenue des registres et par l'obligation où seraient les officiers de l'état civil, les procureurs de la République et les greffiers de se communiquer les actes relatifs à des individus nés dans un lieu autre que celui où ces actes seraient dressés; mais sur ce dernier point on n'aurait besoin de rien innover et un simple renvoi à l'article 49 Code civil serait suffisant. Les détails pourraient être réglés administrativement.

Ce système forme un tout complet et présente toutes les garanties et toutes les facilités de recherches désirables. Ce qu'il a d'original, c'est qu'autour du nom de chaque personne se groupent les noms de ses enfants, ce qui permet de reconstituer la généalogie d'une famille quelconque, avec un seul acte concernant un seul de ses membres. C'est là le seul moyen d'éviter la preuve faite par des actes de notoriété, coûteux, longs à obtenir et dont le seul bon effet est de prouver l'insuffisance de l'organisation actuelle de notre état civil.

Il manquerait cependant à ce système un détail, qui a l'air de n'avoir qu'une importance secondaire, mais dont l'absence empêcherait absolument le fonctionnement de l'ensemble, au moins en ce qui concerne la reconstitution de la généalogie des familles, si M. Rameau n'y avait introduit le point essentiel de la réforme proposée par M. d'Albiousse. Le voici : pour pouvoir remonter de degré en degré, d'une personne à tous ses ascendants il faut que tous les actes de naissance indiquent les lieux de naissance du père et de la mère. C'est ce que M. Rameau n'a pas oublié de dire et c'est ce qui fait que son projet de loi pourrait constituer une réforme définitive.

Tout en admettant l'ensemble de ce projet, nous croyons qu'on pourrait le perfectionner en quelques points de détail. C'est ainsi que nous croyons qu'on pourrait ne pas avoir un registre à cinq colonnes, qui quadruplerait au moins l'importance matérielle des registres contenant les actes de naissance et encombrerait plus encore qu'ils ne le sont déjà, les dépôts des actes de l'état civil. Nous ne considérerions pas cet inconvénient comme devant faire repousser un système qui pourrait donner des résultats excellents ; mais ces résultats, nous croyons qu'il est possible de les obtenir en évitant l'ennui que nous signalons.

De plus le nouveau système exigerait une intelligence et une capacité de travail dont ne sont peut-être pas douées les personnes chargées de la tenue des registres de l'état civil. Pour des gens ilillettrés la complication d'un tableau à colonnes entraînerait des erreurs matérielles, et souvent on verrait inscrire dans une colonne des mentions qui auraient dû être inscrites dans une autre. De plus les employés qui suffisent aujourd'hui à la tenue des registres, se trouveraient en nombre insuffisant si beaucoup d'actes de naissance devaient être les centres de transcriptions importantes, et s'ils étaient obligés d'entretenir une correspondance considérable qui augmenterait leur travail dans de singulières proportions.

Nous croyons pour ces motifs devoir n'admettre le projet de M. Rameau que sous les réserves que nous indiquons.

Nous exposerons plus loin un système qui offre tous les avantages de ce projet, tout en étant plus simple et plus pratique. C'est celui dont nous proposerons l'adoption, mais dès à présent nous tenons à faire observer que le fond en est le même que celui des réformes proposées par MM. d'Albiousse, Loir et Rameau.

87. — Nous ne pourrions pas considérer notre matière comme épuisée si nous n'indiquions au moins, plusieurs projets de centralisation des actes de l'état civil au domicile d'origine, présentés à diverses époques.

Ces projets peuvent se ramener à deux types bien tranchés ; tandis que dans les uns les actes concernant un individu doivent être simplement réunis, dans les autres, les auteurs ont demandé la création de dépôts généraux des actes de l'état civil, dans lesquels on conserverait ces actes et où, croient-ils, les recherches seraient singulièrement facilitées.

Dans la première catégorie rentrent d'abord les projets examinés et de plus ceux de MM. Bourgade, Thourel et Milon.

Dans la seconde noûs trouvons d'abord le système universel d'immatriculation de M. A. B. Hébert. Ce projet consiste dans l'inscription d'un objet quelconque sur un registre avec l'adjonction d'un numéro d'ordre, qui rende à jamais impossible toute confusion de l'objet inscrit avec tout autre, malgré la similitude la plus frappante. Ce système dans la pensée de son auteur serait applicable à tous les actes en général ; ce ne serait qu'indirectement que les actes de l'état civil profiteraient de cette organisation. Nous n'insisterons pas sur cette réforme dont la simplicité n'est qu'apparente et dont la généralité ne fait qu'une utopie.

D'autres systèmes, dont quelques-uns ne sont que des reproductions de celui de M. Hébert, ont été conçus dans le même sens ; ce ne sont guère que des projets nés dans l'imagination de publicistes et de rêveurs. Nous nous contentons d'en signaler l'existence.

88. — Nous avons tout à l'heure, après l'exposition du système de M. Rameau, exprimé la pensée qu'il était le seul capable de combler les lacunes du Code, en matière d'actes de l'état civil. Nous avons toutefois adressé quelques critiques de détail à l'auteur pour la façon dont il proposait la mise en pratique de ces principes. Nous allons revenir sur ces différents points et indiquer les modifications que nous croyons devoir être apportées au Code, pour que les résultats obtenus par M. Rameau soient débarrassés des inconvénients très graves qu'il n'a pas cherché à éviter et qui peuvent se résumer en ces mots : absence de simplicité.

Nous maintenons d'abord la nécessité absolue de la centralisation des actes de l'état civil, et nous croyons que le lieu où cette centralisation doit se faire ne peut être que le lieu de la naissance. Nous considérons de plus comme indispensables, la mention dans l'acte de naissance des lieux de naissance des père et mère de l'enfant, et celle des lieux de naissance des fils et des filles, que cet enfant pourra avoir à son tour. Nous avons montré que c'était là le seul moyen de reconstituer la généalogie d'une famille, et combien il était souvent nécessaire de pouvoir arriver à cette reconstitution.

Enfin nous reconnaissons que le seul moyen d'obtenir la centralisation au lieu de naissance, non-seulement des actes de mariage et de décès, mais encore des indications propres à faire retrouver les actes de naissance des enfants de la personne considérée, nécessitent une correspondance suivie entre les divers fonctionnaires chargés de la tenue des registres de l'état civil et de la surveillance de cette tenue. Nous ne voyons aucun inconvénient à ce que comme dans le système de M. Rameau, l'article 49 Code civil, continue à être appliqué à cette correspondance ; mais afin que les officiers de l'état civil, même les moins instruits, puissent suffire à leur nouvelle tâche, et afin d'amener une modification bien désirable des formules à employer dans cette correspondance, nous désirerions qu'une loi permette de régler par un décret les détails de cette organisation, et que des bulletins imprimés, dont les blancs seraient seuls à remplir fussent distribués aux officiers de l'état civil, qui n'auraient qu'à remplir ces bulletins constatant le mariage d'une personne, son décès ou la naissance de ses enfants, et à les envoyer au procureur de la République du tribunal dans le ressort duquel se trouve le lieu de naissance de cette personne. Ces bulletins seraient faits en deux exemplaires, dont l'un serait remis au greffier, l'autre à l'officier de l'état civil, qui seraient chargés de faire les mentions prescrites. Dans un cas, l'officier de l'état civil serait seul chargé de ce soin, c'est lorsqu'il serait encore détenteur des deux registres des actes de naissance.

Nous nous trouvons maintenant en présence de l'une des questions les plus graves de toute notre matière. Comment effectuer la centralisation des actes de l'état civil ? Faut-il transcrire complètement les actes qu'on rattache à l'acte de naissance ? Faut-il se contenter d'en faire une mention sommaire ?

M. Rameau estime que la transcription des actes doit être faite, ou, au moins c'est ce qui nous a semblé résulter de son travail, qu'il doit en être fait une mention très circonstanciée. Cet auteur emploie toujours le mot de mention mais le fait d'établir quatre colonnes destinées à recevoir les mentions qui doivent se rattacher à l'acte de naissance, semble indiquer que ces mentions ne doivent pas être simplement des mentions sommaires, permettant seulement de retrouver les actes dont on a besoin.

M. Loir, lui, demande la transcription complète des actes de mariage et de décès en marge des actes de naissance. Il insiste même sur ce point. Il fait remarquer que l'on n'atteint pas avec une simple mention le but poursuivi, et qu'on se borne à mettre les familles sur les traces des actes dont elles ont besoin, mais dont la délivrance entraînera encore beaucoup de longueurs et de frais. Grâce à la transcription, la mesure a au contraire immédiatement toute son utilité ; elle remédie aux inconvénients actuels ; grâce à elle on est sûr de retrouver au lieu de naissance tous les actes dont on peut avoir besoin.

Narbonnès   **18**

Nous croyons devoir adopter une opinion contraire à celle de M. Loir. Nous estimons d'abord que la transcription de l'acte de mariage, qui est très long, et de l'acte de décès, dans une marge destinée à contenir les mentions prescrites par les articles 62, C. civ., 101, C. civ. etc., est d'abord matériellement impossible. De plus, elle est inutile. En effet, le but poursuivi c'est la reconstitution, avec un acte, de l'état d'une personne, et au besoin de la généalogie d'une famille. En quoi la transcription pourrait-elle faciliter cette tâche? Une simple mention suffit à cela. La transcription intégrale ne pourrait qu'éviter quelques longueurs qui sont largement compensées par l'avantage immense qu'il y a à remplacer par une mention d'une ligne la copie d'un acte quelquefois long, et qu'il faut reproduire deux fois. Pour nous l'hésitation n'est pas possible. Et la concision des renseignements ne doit-elle pas aussi entrer en ligne de compte, quand elle ne nuit en rien à leur clarté, ainsi qu'il arrive dans notre hypothèse ? Nous n'alourdissons qu'insensiblement la rédaction des actes, tandis que dans le système que nous combattons on en arrive à la création de recueils deux fois plus encombrés qu'ils ne le sont déjà, et dans lesquels les recherches seront plus longues et moins sûres que dans les registres actuels.

Voici des modèles des bulletins que nous voudrions voir envoyer par les officiers de l'état civil aux Procureurs de la République pour annoncer le mariage, le décès ou la naissance d'un enfant d'une personne qui se marie ou qui

meurt hors du lieu de sa naissance, ou à qui il naît un
enfant hors de ce même lieu.

MAIRIE D.` . . . .`   DÉPARTEMENT D.` . . . .`

MARIAGE

Le mariage d.` . . . .`
né à.` . . . .`
le.` . . . .`
a été célébré le.` . . . .`

MAIRIE D.` . . . .`   DÉPARTEMENT D.` . . . .`

DÉCÈS

L'acte de décès de.` . . . .`
né à.` . . . .`
le.` . . . .`
a été enregistré le.` . . . .`

MAIRIE D.` . . . .`   DÉPARTEMENT D.` . . . .`

NAISSANCE

Un enfant du sexe.` . . . .`
est né le.` . . . .`
de.` . . . .`
né à.` . . . .`
le.` . . . .`

Un bulletin devrait être envoyé au cas de mariage au lieu de naissance de l'époux, un autre au lieu de naissance de l'épouse. Au cas de naissance on devrait envoyer un premier bulletin au lieu de naissance du père et un second bulletin au lieu de naissance de la mère.

La marge des actes de naissance devrait être très large et divisée en deux parties ; l'une serait réservée aux rectifications et mentions auxquelles elle est entièrement consacrée aujourd'hui ; l'autre contiendrait les mentions qui constitueraient la centralisation des actes de l'état civil. Voici la disposition qu'on pourrait adopter :

Marié le... à.....		
Enfant du sexe masculin.	Partie de la marge réservée	Partie de la page
Né le... à.....	aux mentions	réservée
Remarié le... à....	auxquelles la	
Enfant du sexe féminin.	marge est entièrement consacrée	à
Né le... à.....	aujourd'hui.	l'acte de naissance.
Décédé le... à.....		

L'exemple que nous venons de donner fait voir le côté essentiellement pratique de notre système. C'est sur la facilité de son organisation que nous insistons tout spécialement ; cette facilité constitue sa qualité principale ; elle doit être prise en considération, d'autant plus sérieusement que la concision des mentions dont nous voudrions voir s'établir l'usage n'enlève rien aux divers avantages des systèmes que nous avons précédemment exposés, et ne peut que contribuer à accroître la clarté des renseignéments fournis par les registres.

Sur un point par exemple nous approuvons sans réserves le projet de M. Loir ; c'est en ce qu'il pense de la création d'un dépôt central, dans lequel on réunirait tous les actes qui exceptionnellement ne mentionneraient pas le lieu de la naissance de la personne à laquelle ils se rapportent. Ce dépôt rendrait de très grands service et ne serait jamais bien encombré à cause de la faculté que l'on aurait de renvoyer les actes au lieu de la naissance à mesure qu'on le découvrirait (Voir à ce propos le n° 85). Il nous reste à formuler le texte de la loi qui consacrerait les réformes que nous venons de proposer. Voici comment elle pourrait être conçue :

ARTICLE PREMIER

Les articles 34-57-76 et 79 du Code civil sont modifiés ainsi qu'il suit :

Art. 34. — Les actes de l'état civil énonceront l'année, le jour et l'heure où il seront reçus, les prénoms, noms, âge, profession, domicile *et lieux de naissance* de tous ceux qui y seront dénommés.

Art. 57. — L'acte de naissance énoncera le jour, l'heure et le lieu de la naissance, le sexe de l'enfant et les prénoms qui lui seront donnés, les prénoms, noms, profession et domicile *et lieux de naissance* des père et mère et ceux des témoins.

La marge de l'acte de naissance sera divisée en deux parties; la première sera réservée aux mentions prescrites par les lois existantes; dans la seconde on inscrira les mentions sommaires des actes de mariage et de décès de la personne dont l'acte de naissance est en regard et des actes de naissance des enfants de cette personne; ces mentions n'énonceront que la date de ces actes et le lieu où ils ont été dressés.

Mention de tout acte de naissance, contenant la date et le lieu de la naissance, sera faite en marge des actes de naissance des père et mère de l'enfant.

Art. 76 (maintenu, sauf l'addition suivante). — *Mention de tout acte de mariage, contenant la date et le lieu de la célébration sera faite en marge des actes de naissance de chacun des deux époux.*

Art. 79 (maintenu, sauf l'addition suivante). — *Mention de tout acte de décès contenant la date et le lieu du décès sera faite en marge de l'acte de naissance de la personne décédée.*

ART. 2

Il sera pourvu par un décret, rendu en la forme des réglements d'administration publique, à tout ce concernera le nouveau mode de tenue des registres des actes de naissance, la rédaction et l'envoi aux officiers de l'état civil et aux procureurs de la République, des renseignements nécessi-tés par les articles 56-76 et 79 ci-dessus.

Ce décret ne serait que la reproduction des développe-ments précédemment donnés et sur lesquels nous ne croyons pas devoir revenir.

89. — Nous n'avons plus maintenant qu'à dire quel-ques mots des avantages que présenterait l'adoption du projet de loi que nous venons de formuler et à réfuter quel-ques objections qu'on pourrait nous faire sur la mise en pratique de notre système.

Les actes de l'état civil ont un but double. Ils servent en effet non-seulement aux familles qui y recourent conti-nuellement, mais encore à la société et voici en quoi : c'est d'après les renseignements qu'ils fournissent que sont dres-sées les listes des jeunes gens appelés sous les drapeaux et nous avons montré combien est insuffisante leur organisa-tion actuelle, qui permet l'inscription sur ces listes de jeunes gens déjà morts, ou l'omission de jeunes gens vivants (voir le n° 77). De plus les actes de l'état civil servent à l'établissement de la statistique et à ce point de vue en-core, ils ne sont pas parfaits. Grâce à eux, on peut constater les mouvements de la population, on peut calculer le nombre des naissances, des mariages et des décès par année, par mois et par jour ; on peut connaître le nombre de filles et celui de garçons, etc., etc. Les résultats généraux sont obte-nus au moyen de la centralisation des résultats partiels au bureau de la statistique générale de la France, et à ce

point de vue les dispositions du Code sont largement suffisantes,

Mais la statistique locale ne peut puiser dans les actes
que des résultats incomplets et mensongers que pourrait
seule rectifier l'admission du principe de la centralisation
des actes de l'état civil. Comment connaître par exemple le
rapport des décès aux naissances en ce qui concerne les
nouveau-nés d'une localité quelconque ? Bien des enfants,
nés dans une commune, sont mis en nourrice et meurent
dans une autre. Leur naissance compte dans une localité,
leur décès compte dans une autre. Ce fait se présente constamment dans les grandes villes et dans leur banlieue. On
arrive ainsi à dénaturer complètement les résultats que devrait produire l'observation et à faire des travaux d'assainissement dans des localités qui n'en ont aucun besoin,
trompé que l'on est par la proportion effrayante des décès
aux naisances, proportion due au voisinage d'une grande
ville, dans laquelle par contre cette proportion est normale,
et peut-être très faible, et dont la municipalité néglige des
travaux urgents d'assainissement. Ce résultat serait évité
si mention de l'acte de décès était faite en marge de
l'acte de naissance, et on pourrait avec cette amélioration
si simple donner aux indications de la statistique une justesse et une utilité d'effets qu'elles n'ont jamais éues.

Nous avons longuement exposé les avantages qu'aurait
notre système au point de vue de l'utilité privée et de la
facilité des recherches que les particuliers sont constamment obligés de faire dans les archives de l'état civil. Il ne

nous reste plus qu'à réfuter les objections par lesquelles on pourrait s'opposer à l'adoption des réformes que nous proposons. Et d'abord, nous dira-t-on, vous cherchez à ne plus recourir aux actes de notoriété, que vous considérez comme un mode de preuve difficile et dangereux, et vous êtes obligés d'en user dans tous les cas où le mariage, le décès ou la naissance d'un enfant d'une personne a lieu, sans que l'on sache où cette personne est née.

Évidemment dans ces cas on serait ramené à l'acte de notoriété, mais se serait là une exception très rare et c'est déjà un résultat excellent que de rendre très rare l'emploi d'un moyen mauvais. Et d'ailleurs cet emploi ne serait guère dangereux, car l'acte de notoriété n'aurait qu'un but : la constatation de ce qu'on ne sait rien, et la preuve d'un fait négatif ne pourrait pas avoir les effets nuisibles qu'aurait la preuve erronée d'un fait positif, qui peut déplacer des droits considérables.

Nous objectera-t-on que le changement de système dans la tenue des registres de l'état civil sera coûteux et difficile à établir? Sera-ce le prix des bulletins que devront expédier les officiers de l'état civil et qui seront en nombre relativement restreint, bien des personnes se mariant, ayant leurs enfants et mourant au lieu de leur naissance, ou le prix insignifiant représentant la fraction de la marge destinée aux mentions nouvelles, qui pourrait empêcher l'introduction dans nos lois d'une amélioration si profitable?

Quant aux difficultés produites par l'insuffisance du personnel, tant au point de vue de l'intelligence qu'à celui du

travail matériel il est aisé de prouver qu'elles sont purement imaginaires. Les bulletins étant imprimés ils pourront
être remplis en quelques secondes ; quant aux mentions à
inscrire en marge de l'acte de naissance, elle ne demande-
ront que peu d'instants : marié le. . . . . à. . . . . décédé
le. . . . . à. . . . . Les employés exercés qui sont chargés
dans les villes de la tenue des registres feront ces mentions
et rempliront les bulletins avec une facilité extrême. Quant
aux officiers de l'état civil des communes rurales, ils sont
généralement assistés de l'instituteur. Ils pourraient d'ailleurs faire seuls le travail que leur occasionnerait la réforme
proposée, et qui n'est rien comparé à celui qui résulte de
la rédaction elle-même des actes de l'état civil.

Quant au temps qu'il leur faudrait consacrer à ce travail il serait minime, la population des communes rurales
étant très faible et généralement fort stable, et les campa-
gnards se mariant et mourant souvent au lieu où ils sont
nés.

Les erreurs ne seraient pas probables, grâce à la simplicité du mécanisme que nous proposons. Tandis que dans le
système de M. Rameau la complication d'un registre à
cinq colonnes devait amener forcément des erreurs ; les
mentions concises que nous demandons seraient facilement
faites, et ces mentions devant toutes être faites dans la
même marge, il n'y aurait pas à craindre de voir se produire l'inconvénient inévitable avec le registre à colonnes :
la transcription dans une colonne d'un acte qui aurait dû
être transcrit dans une autre colonne.

L'innovation que nous proposons ne pourra dans aucun cas nuire à la tenue des registres, tels qu'ils sont organisés aujourd'hui et qui continueront à être tenus comme par le passé, sauf les mentions si élémentaires que nous voudrions voir prescrites par les articles 34 et 57 Code civil.

Enfin, pourra-t-on dire, il est inutile d'organiser un système dont on ne pourra recueillir le bénéfice que dans un grand nombre d'années, mais nous dédaignerons de répéter une objection produite par un égoïsme dont le législateur n'a jamais donné d'exemple.

En résumé, nous ne voyons aucun argument qu'on puisse invoquer contre un système dont les résultats seraient excellents, tout en étant si faciles a obtenir, et nous espérons que l'adhésion de personnalités éminentes venant lui donner une autorité que des voix trop faibles n'ont su lui donner, il sera un jour adopté et rendra définitive une organisation que les rédacteurs du Code n'avaient qu'ébauchée.

90. — Formules (voir n° 78).

Nota (Extrait de la lettre du 20 décembre 1880). — La division en alinéas, les blancs et interlignes ne doivent pas être reproduits dans la rédaction des actes ; mais il sera bon de faire ressortir en plus grosse écriture, et en conservant, autant que possible, l'importance typographique indiquée par la différence des caractères typographiques, *l'année,* — *le jour,* — *la nature de l'acte,* — *les noms et prénoms,* ainsi que les mots suivants, lorsqu'ils se trouvent au commencement d'un paragraphe : *Dressé,* — *En présence,* — *Dont acte,* — *Déclaration,* — *Dont mention,* — *Transcrit.* On rendra ainsi la nature des actes et les recherches plus faciles.

ACTE DE NAISSANCE D'UN ENFANT LÉGITIME

L'an mil huit cent quatre-vingt-un, le vingt novembre, à midi,

ACTE DE NAISSANCE *de* **Pierre-François DURAND,** *du sexe masculin, né le dix-huit novembre courant, à dix heures du matin, au domicile de ses père et mère, fils de* **Joseph-Paul DURAND,** *âgé de trente-cinq ans, limonadier, et de* **Jeanne MOREL,** *âgée de vingt-six ans, sans profession, mariés, domiciliés boulevard Magenta, numéro 29.*

DRESSÉ *par nous* **Jean-François HAMELIN** *(maire ou adjoint au maire), officier de l'état civil du dixième arrondissement de Paris, chevalier de la Légion d'honneur, officier de l'instruction publique, sur la présentation de l'enfant et la déclaration faite.*

DÉCLARATION FAITE	1º Par le père.	*Par le père.*
	2º Par un médecin ayant assisté à l'accouchement.	*Le père absent, par* **Alfred LERET,** *âgé de quarante ans, docteur en médecine, chevalier de la Légion d'honneur, demeurant à Paris, rue de Buci, numéro 24, ayant assisté à l'accouchement.*
	3º Par une sage-femme ayant assisté à l'accouchement.	*Le père absent, par* **Charlotte THIBAUT,** *femme* **CARET,** *âgée de vingt-neuf ans, sage-femme, demeurant à Paris, rue de Seine, numéro 16, ayant assisté à l'accouchement.*
	4º Par toute autre personne ayant assisté à l'accouchement.	*Le père absent, par* **Charles NEVET,** *âgé de quarante-trois ans, papetier, demeurant à Paris, rue Madame, numéro 15, ayant assisté à l'accouchement.*
	5º Si la mère est accouchée hors de son domicile, par la personne chez qui l'accouchement a eu lieu.	*Le père absent, par* **Paul-Emile GAREL,** *âgé de vingt-sept ans, avocat, demeurant à Paris, rue de Rennes, numéro 16, au domicile duquel l'accouchement a eu lieu.*

EN PRÉSENCE *de* **Nicolas-Jacques FARET,** *âgé de cinquante ans, employé, demeurant à Paris, rue Gozlin, numéro 14, et de* **Louis-Jean MARES,** *âgé de trente-deux ans, commerçant, demeurant à Paris, rue du Four-Saint-Germain, numéro 84, témoins qui ont signé avec le déclarant et Nous, après lecture.*

ACTE DE NAISSANCE D'UN ENFANT NATUREL

L'an mil huit cent quatre-vingt-un, le vingt-cinq novembre, à trois heures du soir.

ACTE DE NAISSANCE *de* Paule-Louise { **MARTEL** — **SIMON** — ou sans nom patronymique } *du sexe féminin,*

née le vingt-quatre novembre courant, à dix heures du matin, boulevard Haussmann, numéro 115, fille de

<table>
<tr><td rowspan="4">SI, DANS L'ACTE DE NAISSANCE</td><td>1º Le père et la mère sont dénommés.</td><td>Jean-Jacques MARTEL, âgé de vingt-sept ans, commerçant, demeurant à Paris, rue de Monceau, numéro 17, qui a déclaré la reconnaître. et de Marie-Cécile SIMON, âgée de vingt-trois ans, sans profession, demeurant à Paris, rue de Courcelles, numéro 37.</td></tr>
<tr><td>2º Le père seul est dénommé.</td><td>Jean-Jacques MARTEL, âgé de vingt-sept ans, commerçant, demeurant à Paris, rue de Monceau, numéro 17, qui a déclaré la reconnaître et de mère non dénommée.</td></tr>
<tr><td>3º La mère seule est dénommée.</td><td>Marie-Cécile SIMON, âgée de vingt-trois ans, sans profession, demeurant à Paris, rue de Courcelles, numéro 37, et de père non dénommé.</td></tr>
<tr><td>4º Le père et la mère ne sont dénommés.</td><td>Père et mère non dénommés.</td></tr>
</table>

DRESSÉ *par nous* **Jean-Charles CLAUDIN** (*maire ou adjoint au maire*), *officier de l'état civil du huitième arrondissement de Paris, sur la présentation de l'enfant et la déclaration faite.*

<table>
<tr><td rowspan="5">DÉCLARATION FAITE</td><td>1º Par le père.</td><td>Par le père.</td></tr>
<tr><td>2º Par un médecin ayant assisté à l'accouchement.</td><td>Par Alfred LERET, âgé de quarante ans, docteur en médecine, chevalier de la Légion d'honneur. demeurant à Paris, rue de Buci, numéro 24, ayant assisté à l'accouchement.</td></tr>
<tr><td>3º Par une sage-femme ayant assisté à l'accouchement.</td><td>Par Jeanne HAREL, âgée de quarante ans, sage-femme, demeurant à Paris, rue de Marignan, numéro 15, ayant assisté à l'accouchement.</td></tr>
<tr><td>4º Par toute autre personne ayant assisté à l'accouchement.</td><td>Par Charles MARIN, âgé de trente ans, pharmacien, demeurant à Paris, rue Drouot numéro 15, ayant assisté à l'accouchement.</td></tr>
<tr><td>5º Si la mère est accouchée hors de son domicile, par la personne chez qui l'accouchement a eu lieu.</td><td>Par Paul-Emile GAREL, âgé de vingt-sept ans, avocat, demeurant à Paris, rue de Rennes, numéro 16, au domicile duquel l'accouchement a eu lieu.</td></tr>
</table>

EN PRÉSENCE *de* **Nicolas-Jacques FARET**, *âgé de cinquante ans, employé, demeurant à Paris, rue Gozlin, numéro 14, et de* **Louis-Jean MARES**, *âgé de trente-deux ans, commerçant, demeurant à Paris, rue du Four-Saint-Germain numéro 84, témoins, qui ont signé avec le déclarant et Nous, après lecture.*

ACTE DE RECONNAISSANCE D'UN ENFANT NATUREL

L'an mil huit cent quatre-vingt-un, le vingt-sept décembre, à deux heures du soir.

ACTE DE RECONNAISSANCE *de* Jean-Emile { **MARNET** [1] / **SIBES** [2] } *du sexe masculin, né le seize août mil huit cent soixante-deux, inscrit sur les registres de l'état civil du huitième arrondissement de Paris, le dix-sept août mil huit cent soixante-deux, comme fils de*

SI, DANS L'ACTE DE NAISSANCE

1º La mère seule a été dénommée { Marie-Jeanne SIBES, *et de père non dénommé.*

2º Le père, ni la mère n'ont été dénommés { *Père et mère non dénommés.*

3º Le père seul a été dénommé { Paul-Jacques **MARNET**, *et de mère non dénommée.*

DRESSÉ *par nous*, Louis PLACET (*maire ou adjoint au maire*), *officier de l'état civil du seizième arrondissement de Paris, sur la déclaration de*

SI LA RECONNAISSANCE EST FAITE

1º Par le père { Paul-Jacques **MARNET**, *âgé de soixante ans, négociant, demeurant à Paris, avenue d'Eylau, numéro 116.*

2º Par le père et la mère simultanément { Paul-Jacques **MARNET**, *âgé de soixante ans, négociant, demeurant à Paris, avenue d'Eylau, numéro 116, et* Marie-Jeanne SIBES, *âgée de quarante-six ans, sans profession, demeurant à Paris, rue François Ier numéro 19.*

3º Par la mère { Marie-Jeanne SIBES, *âgée de quarante-six ans, sans profession, demeurant à Paris, rue François Ier, numéro 19.*

Qui reconnaît (ou reconnaissent) le susdit Jean-Emile { **MARNET** / **SIBES** } *pour son (ou leur) enfant.*

EN PRÉSENCE *de* Pierre-Joseph Allème, *âgé de quarante-quatre ans, propriétaire, demeurant à Paris, rue Charras, numéro 21, et de* Jacques LONAL, *âgé de trente-six ans, médecin, demeurant à Paris, rue d'Anjou, numéro 25, témoins, qui ont signé avec le déclarant (ou les déclarants) et Nous, après lecture.*

1. Si la reconnaissance est faite par le père,
Ou par le père et la mère simultanément,
Ou par la mère seulement quand le père a déjà reconnu.
2. Si la reconnaissance est faite par la mère seule, le père n'ayant pas reconnu antérieurement.

ACTE DE PRÉSENTATION D'UN ENFANT SANS VIE

L'an mil huit cent quatre-vingt-un, le vingt décembre, à dix heures du matin,

Acte de présentation d'un enfant sans vie du sexe masculin fils de

SI L'ENFANT PRÉSENTÉ EST

1° Enfant légitime. { **Paul-Louis ROQUIN**, *âgé de trente ans, eoutelier, et de* **Charlotte PICHON**, *âgée de vingt-deux ans, sans profession, demeurant ensemble à Paris, rue de Seine, numéro 29, mariés.*

2° Enfant naturel. { *Père et mère non dénommés.*

Dressé par nous **Jean-Félix CHASSET** *(maire ou adjoint au maire), officier de l'état civil du sixième arrondissement de Paris, sur la déclaration de* **Jacques-René CLÉMENT**, *âgé de quarante ans, cordonnier, demeurant à Paris, rue de Buci, numéro 14, et de* **François ADIÈRE**, *commerçant, âgé de trente ans, demeurant à Paris, rue Jacob, numéro 56, lesquels ont affirmé que le susdit enfant est sorti du sein de sa mère, le dix-neuf décembre, à trois heures du matin, rue de Seine numéro 29, et ont signé avec nous, après lecture.*

MENTION DE RECONNAISSANCE D'UN ENFANT NATUREL

PAR ACTE

1° Si la reconnaissance a été faite par acte devant un maire. { *Inscrit sur les registres de l'état civil du premier arrondissement de Paris (ou de la commune de Lunel, arrondissement de Montpellier, département de l'Hérault), à la date du cinq octobre mil huit cent quatre-vingt-un.*

2° Si la reconnaissance a été faite par acte devant un notaire. { *Devant maître* **RALLET**, *notaire à Longpérier, arrondissement de Meaux, département de Seine-et-Marne, à la date du cinq octobre mil huit cent quatre-vingt-un, dont expédition nous a été présentée.*

François-Paul GAILHARD { *et / ou* } **Marie-Thérèse SILLET** { *ont / a* } *reconnu pour* { *leur / son* } *fils, l'enfant dénommé en l'acte ci-contre.*

Dont mention faite par nous soussigné, **Jean-Sébastien ALLÈGRE** *(maire ou adjoint au maire), officier de l'état civil du quinzième arrondissement de Paris, le dix-huit octobre mil huit cent quatre-vingt-un.*

91.

ANNÉE 188...

REGISTRE ....

Numéro ....

VILLE DE PARIS .... ᵉ Arrondissement

Du .... *mil huit cent soivante-* ....

Mariage

ENTRE : ....

Né le ....

Arrondissement de .... départ. d ....

Profession ....

Domicilié à ....

Veuf de ....

Fils de ....

et de .... } .... ies.

ET ....

Née le .... à ....

Arrondissement de .... départ. d ....

Profession ....

Domiciliée à ....

Fille de ....

et de .... } .... mariés.

Veuve de ....

Contrat de mariage ....

....

Délivré le .... 187 ....

L'Officier de l'état civil,

Timbre et signature

EPOUX

Nom : ....

Prénoms : ....

Décédé.........le ....

à ....n° ....

L'Officier de l'État civil,

Timbre et signature

Nom : ....

Prénoms : ....

Décédé.........le ....

à ....n° ....

L'Officier de l'État civil,

Timbre et signature

ENFANTS

—

Nom : ____

Prénoms : ____

Né ____ le _______________________ Décédé ____ le_________________________

à _______________________________ à _______________________________

L'Officier de l'État civil, L'Officier de l'État civil,

Timbre et signature Timbre et signature

Nom : ____

Prénoms : ____

Né ____ le _______________________ Décédé ____ le_________________________

à _______________________________ à _______________________________

L'Officier de l'Etat civil, L'Officier de l'Etat civil,

Timbre et signature Timbre et signature

(Mat. — Série générale. N° 2164)

MAIRIE

d________________________

Registre_______________
N°

(I. C. N° 130. — Mag.)

VILLE DE PARIS

ARRONDISSEMENT

BULLETIN DE NAISSANCE

Nom_______________________________________

Prénoms___________________________________

Né le________________________ à Paris,_______________

________________ N°________ inscrit le _____________

Fil___ (1) ________________________________

________________ Profession____________________

Et de_____________________________________

________________ Profession____________________

Demeurant à_________________________________ N°____

Délivré à Paris, le ________________ 188__

L'Officier de l'état civil,

(1) Si l'enfant a été reconnu en faire mention.

AVIS IMPORTANT

Tout enfant naturel, inscrit sous le nom de la mère, n'est *légalement* reconnu par celle-ci qu'après une déclaration spéciale faite soit à la mairie, soit par devant notaire.

Il peut être *légitimé* par le mariage subséquent de ses père et mère lorsque ceux-ci l'auront légalement reconnu avant leur mariage, ou qu'ils le reconnaîtront dans l'acte même de célébration.

AVIS IMPORTANT

Loi des 23 décembre 1874, 8 janvier 1875, relative à la protection des enfants du premier âge.

Article 7 : « Toute personne qui place un enfant en nourrice, en sevrage ou en garde, moyennant salaire est tenue, sous les peines portées par l'art. 346 du Code pénal, d'en faire la déclaration à la Mairie de la commune où a été faite la déclaration de naissance de l'enfant, ou à la Mairie de la résidence actuelle du déclarant, en indiquant dans ce cas le lieu de la naissance de l'enfant, et de remettre à la nourrice ou à la gardeuse un bulletin contenant un extrait de l'acte de naissance de l'enfant qui lui est confié. »

POSITIONS

DROIT ROMAIN.

I. — Le dol peut consister en un fait positif ou négatif. (nº 2. b.).

II. — La *restitutio in integrum* était appliquée au cas de dol (nº 17).

III. — L'action de dol n'est, sauf exception, qu'une action subsidiaire (nº 11).

IV. — L'action de dol ne perd pas son caractère infamant quand elle est donnée contre un impubère (nº 15).

V. — Le dol incident, comme le dol principal, peut amener la résolution du contrat. (nº 18).

VI. — Le contrat entaché de dol est, non pas nul, mais annulable (nº 19).

VII. — La clause qui, dans le contrat de dépôt, rend, au cas de perte totale ou partielle de la chose déposée, le dépositaire irresponsable de son dol, n'a pour effet que de mettre la preuve du dol, à la charge du déposant. (1, 7, D. 16, 3. — 23, D. 50, 17. — 17, pr. D. 13, 6. — 27, 3, D. 2, 14. — 17, 15, D. 2, 14).

DROIT FRANÇAIS.

I. — Les personnes ayant assisté à l'accouchement sont seules tenues de l'obligation de déclarer la naissance (n° 46).

II. — L'officier de l'état civil doit recevoir la déclaration de naissance faite par la personne de l'art ayant assisté à l'accouchement, alors même que cette personne n'est pas portée sur la liste que le préfet doit dresser des docteurs en médecine on en chirurgie, officiers de santé et sages-femmes (n° 46 *in fine*).

III. — Il suffit d'avoir assisté à un accouchement en simple spectateur pour être obligé de déclarer la naissance (n° 47).

IV. — L'obligation de déclarer la naissance n'atteint que successivement les personnes désignées dans l'article 56 code civil (n° 48).

V. — Le témoin oculaire d'un accouchement peut se faire représenter par un mandataire, dans la déclaration qu'il doit faire de la naissance (n° 49).

VI. — L'officier de l'état civil ne doit pas admettre la déclaration faite après l'expiration du délai de trois jours de l'article 55 code civil (n° 52).

VII. — Le procureur de la République n'est pas recevable à demander l'inscription d'une naissance omise (n° 52).

VIII. — La personne qui déclare une naissance naturelle n'est pas obligée de désigner le nom de la mère (n° 53).

IX. — La seule mention du jour du baptême dans l'acte de naissance donne lieu à l'application de l'article 46 code civil (n° 65 *in fine*).

X. — Dans aucun cas, le nom des parents ne devra être mentionné dans le procès-verbal de remise d'un enfant trouvé (n° 69).

XI. — On ne peut pas reconnaître un enfant légitime (n° 72).

XII. — Dans les cas d'application de l'article 46 code civil, la preuve testimoniale doit-être admise non-seulement en ce qui concerne le fait de la naissance, mais encore en ce qui concerne celui de la filiation (n° 74).

XIII. — La sanction pénale de l'article 346 code pénal ne s'applique pas au cas d'absence de déclaration d'un enfant mort-né (n° 76).

XIV. — L'officier de l'état civil n'est pas obligé de transcrire l'acte de naissance concernant un français, dressé à l'étranger et communiqué par la voie diplomatique. (N° 81).

DROIT DES GENS

I. — N'est pas valable le testament fait en France par un étranger, d'après la loi de son pays. (Cass. 9, mars 1853).

II. — L'enfant de l'étranger naturalisé français conserve sa nationalité primitive.

DROIT CRIMINEL

I. — La peine de l'art. 346 c. pén. ne peut être prononcée que contre ceux qui ont assisté à l'accouchement. (N° 46).

II. — L'action civile se prescrit par le même temps que l'action publique.

HISTOIRE DU DROIT

I. — L'édit par lequel Marc-Aurèle organisait la constatation de l'état civil ne fut pas exécuté.

II. — Malgré les progrès accomplis par les ordonnances de 1579 et de 1667, l'ordonnance de Villers-Cotterets (1539) n'a été pleinement exécutée qu'après la mise en vigueur de l'ordonnance du 9 avril 1736. (Voir n° 39).

Vu par le Président de la Thèse,

BUFNOIR.

Vu par le Doyen,
Ch. BEUDANT.

Vu et permis d'imprimer :

Le Vice-Recteur de l'Académie de Paris,

GRÉARD.

TABLE

DROIT ROMAIN

GÉNÉRALITÉS

CHAPITRE PREMIER

DU DOL DANS LA FORMATION DU CONTRAT

CHAPITRE II

DU DOL SE RATTACHANT À L'EXÉCUTION DU CONTRAT.

DROIT FRANÇAIS

INTRODUCTION

CHAPITRE PREMIER

DES ACTES DE L'ÉTAT CIVIL EN GÉNÉRAL.

CHAPITRE II

APERÇU HISTORIQUE.

CHAPITRE III

DES ACTES DE NAISSANCE

§ 1. — *De la rédaction des actes de naissance.*

CHAPITRE IV

QUESTIONS ACCESSOIRES

APPENDICE

§ 1.

§ 2. — *Améliorations introduites dans la tenue des actes de l'état civil par l'administration.*

Imp. A. Derenne, Mayenne; — Paris, boul. Saint-Michel, 52.

Imp. A. DERENNE, Mayenne. — Paris, boulevard Saint-Michel, 52.